La botánica del alma

ALHICIA S.

La botánica del alma

EXLIBRIC

ANTEQUERA 2020

ALHICIA S.

La botánica del alma

*A todas aquellas almas que desean brillar y,
en especial, a mi alma gemela.*

Naturaleza terrestre

«Y las semillas de algo superior a mí debieron de caer sobre mi alma, ya que desde entonces no ha dejado de crecer».

Botánica

Hay quien tiene detrás historias maravillosas por contar; otros, sin embargo, solo podemos suspirar al recordar.

Todo mi mundo se movía por sentimientos similares a las hojas de otoño que caen en medio de un bosque sombrío: algo frío, pero jamás falto de libertad ni ganas de expresar. Así iba a ser mi realidad.

Existen personas PAS (personas de alta sensibilidad) y entendí que sentir en exceso, algo que para unos podía ser terrible y hasta generar un sinfín de luchas y peleas internas, para mí era la única y mejor manera de sobrevivir a tanta naturaleza muerta.

Y es que todo lo que puedo contar es el resultado de una constante búsqueda, que me llevó a entender que la luna era mi hogar y mi felicidad la constante pasión por sentirme viva al expresar.

Noches llenas de dolor, mañanas con ganas de avanzar, ilusiones intactas por miedo a fracasar… La fe ciega en que vibraciones similares vibran juntas y, por ende, la tranquilidad y esperanza que da el amar la vida en general.

Girasoles

Hay dos tipos de personas: las que al mirar al cielo ven el sol, reluciente cual amarillo cristal; y otras que, al alzar la vista, solo ven una mancha rocosa en forma de media sonrisa lunar. Que esté en el segundo grupo, que ame la luna, no significa que odie el sol.

El sol es naturaleza viva, despertar de conciencia, energía que te hace brotar, pecas que forman constelaciones de color, luz que pone en pie tus sentidos, que se cuela por la ventana de los huesos dando fuerza, fe y esplendor. Pero a la hora de acurrucarme, imaginar y soñar, llorar, pedir y suplicar, el sol nunca me podría dar tanto calor como la gran esfera lunar.

Un día me surgió una idea. Yo, que amaba la luna, pensé: «Igual que hay flores que giran en torno al sol, que buscan su energía y seguridad entre los rayos que hace brotar, también debe de haber especies que giren en torno a la noche, a la luna, a su luz, a su magia al brillar. Que se sienten en casa al verse rodeadas de estrellas y piensen: "¡Ese planeta es mi hogar!"».

Yo era una de esas especies. Nos denominé «**giralunas**».

Tan altos como el bambú

Hubo una época en la que solo queríamos «ser mayores», más libres, tomar nuestras propias decisiones, dejar al niño interior para ser adultos de cara al exterior, alzarnos hasta ser imparables, altos como el bambú.

¡Qué necesidad de expresar! Qué valentía aquella que nos permitía soñar. Qué dispuestos a todo, sin pensar que podía ser el comienzo de la decadencia que el alma intenta parar. ¿Cómo puede ser que ahora echemos de menos la infancia con las ansias que teníamos por crecer y alcanzar la libertad?

Mi mundo siempre fue peculiar: fantasía, historias y lápices para colorear, familia resumida en «mamá», pensamientos plasmados en folios que pintar, preguntas sin respuesta en forma de «papá», sentimientos y lágrimas que solo la luna podía calmar.

Y ahora pienso para qué tantas ganas de crecer si todo sigue igual, el doble de irreal, la mitad de peculiar, todo desencajado por miedo a no encajar.

Deshojar margaritas

Todo comienza a vibrar, sientes que algo empieza a crecer, crees que es ese sentimiento al que llaman amar. Y empiezas a deshojar margaritas con miedo a que llegue el final: «Me quiere, no me quiere… Claro que me quiere».

Pero escuchas a tu intuición, una voz que viene desde algún lugar más allá de la ilusión. A veces habla a gritos, diciendo: «Puede que sea él; no huyas, abre el corazón». Otras veces te susurra: «Huye, huye rápido, igual de rápido que él te va a echar de su colchón». Pero hay otras que dice: «Inténtalo, no pierdes nada. Solo es otra margarita más».

Entonces entendí que el amor es como un folio en blanco. Claro que da miedo comenzar y nadie sabe cómo va a terminar: quizá lleno de colores, rojos, claroscuros, manchas o garabatos, dibujos sin sentido o tan hermosos como el mar. O quizá sin más, en blanco, sin nada que contar.

Pero siempre pienso que más vale tener un cuaderno viejo y hasta roto, o incluso uno por estrenar, que estar mendigando folios por no tener donde pintar.

Reglas para brotar

1. Cuando caigas, que lo harás, súbete encima de tu esperanza, apóyate y echa a andar.
2. Cuando llores siente las lágrimas, siente la limpieza del alma, déjalas marchar.
3. Cuando respires hazlo lento y profundo, siente tus pulmones llenos de flores y hazlas brotar.
4. Cuando ames… ama de verdad.
5. Cuando sueñes mira al cielo y pídelo como un deseo que solo se tiene que materializar, pero ya está.
6. Cuando encuentres algo que te apasione conviértelo en tu trabajo y no lo dejes jamás.
7. Cuando sientas ira o frustración no hace falta ir a por la solución; simplemente, siente cómo tu interior te pide a gritos que sigas viendo con el corazón.
8. Cuando te hable tu intuición cierra los oídos a todo ruido exterior.
9. Cuando sientas que hay algo para ti ve a por ello con fe. No mates oportunidades, déjalas crecer, y si por miedo sale mal…
10. …Vuelve al punto 1. Vuelve a empezar.

Entre algodones

Cuánto daño puede hacer el miedo. Nos quedamos anclados en una idea por el miedo a descubrir que hay más después de ella. Es mucho más fácil pensar que todo está predestinado y que si algo tiene que pasar pasará, que no hace falta salir ahí fuera a buscar.

Cuántas veces me quedé sentada viendo el tiempo pasar, las hojas caer, a mi mente suspirar, sin más ganas que las de huir hacia algún sitio que pudiera considerar hogar.

¡Qué absurda necesidad por miedo a los golpes que algo superior a mí me pudiera dar! Porque lo que no has aprendido de manera consciente lo vas a aprender a través de miles de muros que tendrás que escalar. Qué terrible estar entre algodones por el miedo al qué diré, al qué dirán.

Y llega el día en que estás en tu cama, tumbado, mirando por la ventana, pensando si saltar o seguir maldiciendo el momento en el que te quedaste anclado, suplicando respuestas sobre qué hacer a eso que tú llamas fe.

Y se te dan.
Y ahora que las tienes… ¿coges todos tus miedos y vas?

Coníferas sin piñas

Relaciono la infancia con los sueños y la posibilidad de alcanzarlos. Nacemos con determinados dones que, si conseguimos no abandonarlos, entenderemos que por ellos hemos venido a este mundo, a cultivarlos.

A aquel que se pasa todo el día cantando, lo callan.

A aquel cuya única distracción es subirse a los árboles a investigar, lo bajan.

El que encuentra su fascinación en las estrellas, al suelo debe mirar.

A aquel que por mejores amigos tiene a los libros le dicen: «Qué solo estás».

A los que en clase y de tarde solo nos refugiaba pintar o escribir, nos hacían coger los libros de texto para al cerebro confundir.

Sin eso nos sentimos abandonados, vacíos, secos, como un gran bosque de coníferas sin piñas.

Pero hay esperanza. Si eres capaz de encontrar en tu interior aquello que nos quitaron de niños, aquello que nos hacía inmensamente felices y especiales, encontrarás un motivo para levantarte. No importa qué sea, si dará dinero o no, si será útil o un pasatiempo; si lo encuentras de nuevo no lo dejes ir, ya que si realmente sale del alma no hay nada que te pueda hacer más rico y feliz.

En este mundo lleno de gente y posibilidades habrá un hueco para tus piñas, siempre.

Te lo prometo. No las dejes ir.

Nicotiana tabacum

Antes de dormir no repaso mi día, descifrando aprendizajes, ni rezo ni pido o busco algo en el interior. Ni siquiera agradezco a algo superior. Antes de dormir me gusta fumar, ver cómo el humo ondulante recorre cada pared y sección, envolvente como cada uno de mis sueños atrapados en esta habitación, efímero como cada sentimiento que hizo añicos este amasijo de piel, sensaciones y huesos al que llamo «yo».

Otros quizás pasan horas preguntándose el porqué de sus actos, el cómo de su futuro, el cuándo de ese amor que se fue, el cuánto a las horas hasta que llegue el amanecer; pero esa forma de matarme me parece cruel.

Antes de dormir me gusta encontrarme con cada uno de mis odiados recuerdos, de mis aterradores demonios, de mis horribles miedos, darles una calada y desear que a la mañana siguiente solo alguno de ellos se haya consumido, igual que cientos de mis cigarros, en el cenicero.

Germinar

Siempre me he preguntado el porqué de mi nacimiento o el porqué del tuyo y del de los demás. Es complicado pensar que nosotros elegimos venir a este mundo de sufrimiento y degradación, de pena y dolor, y que todo empieza con un llanto al abrir los ojos al exterior. ¿Así debe comenzar? ¿Ese llanto es una señal de cómo será lo demás? Y lloras más.

Pero déjame decirte que ese llanto no es sin más; es un cúmulo de primeras emociones que no sabes expresar, es la respuesta a todo el llanto que te queda por pasar, la primera semilla de todo lo que está por germinar.

Es la emoción de la primera luz al respirar.
Es el miedo ante lo que no sabes que vendrá.
Es la alegría de saber que algo enorme está por comenzar.
Es el sentimiento de amor brotando por tus ojos, como espejo de tu interior que son.
Es la incertidumbre y la ansiedad de no saber quién te va a cuidar.
Es el sonido de la voz de alguien a quien amas de verdad.
Es mirar al universo y no saber dónde encajar.
Es la inmensa nostalgia de saber que ya no eres dos, que ya eres individual, nostalgia que te acompañará hasta que decidas no estar.

Y es que el primer llanto es el más importante, el que vaticina el porqué de todos los que vendrán, pues lo que sentirás a lo largo de tu vida ya lo has sentido en otra realidad. Por eso mismo llora, deja que brote de tu alma, deja que esas lágrimas que a veces no sabes contener ni por qué están te den la respuesta, el alivio y la serenidad de lo que tu corazón necesita expresar.

Flores secas

Me resulta el mundo una paradoja infinita:

El que tiene agua no tiene sed.
El que desea tiempo no sabe en qué gastarlo.
El que está enamorado siente ansias de libertad.
El que está solo lo prefiere así.
Al que tiene mucho nada le sobra; el que no tiene cree que lo tiene todo.
El que tiene religión tiene miedo a la muerte; el que tiene fe se siente muerto.
El que tiene flores secas y campos baldíos los desea vivos; el que tiene flores vivas las seca para recordar.
El que tiene una esperanza carece de sueños alcanzables…

Y a mí, que solo tengo noches, me faltan lunas para hablarles.

Trébol de cuatro hojas

Miro, pero no enfoco. Demasiada claridad entra por la ventana. Un rayo de luz inunda todo, se cuela por las rendijas de mi cuerpo, por los recodos de mi pensamiento, por el interior de mis huesos, trayendo la calma. ¿Será esto eso que llaman esperanza?

Todo comienza a despejarse, ya no busco sentido a lo que no lo tiene, ya no busco respuestas a por qué soy de una manera o por qué hice tales cosas o aquellas elecciones. Ya no hay preguntas. Todo era inevitable.

Demasiado tiempo desamparados, esperando que algo nos diga que hay luz. No al final del camino, sino al principio y en el recorrido. Y esa luz, como si de un trébol brillante y verde se tratara, se abre paso en el desierto sombrío de los sentimientos y llena el alma.

Ya nada importa, porque ni el futuro es cierto ni el pasado es verdadero. Todo son lecciones. Lo único que tengo es esta ceguera de luz que me abraza y que dice entre susurros que mientras haya aliento habrá esperanza.

Raíces

No olvides quién eres.

Aunque las circunstancias te indiquen que todo ha acabado, no olvides que cuando estés listo tú eres el comienzo. Cuando las fuerzas flaqueen y no encuentres sustento, no olvides tu fuerza interior blanca como un lienzo. No olvides tu nombre. No olvides la raíz de vida que te ancla a esta tierra. Cuando recuerdes a o te cruces con, no olvides la belleza de tus sentimientos; ellos te dirán por dónde ir.

Aunque el mundo te decepcione, no olvides que tu amor es el único que jamás te decepcionará, ya que es perfecto para ti. Lo demás igual que viene se va.

Sujétate a tu fe si quieres, agárrate a tu orgullo y a tu forma, a tu sonrisa y a tus sueños, aunque vengan situaciones que se estrellen como meteoritos en tu corazón. No olvides que jamás estarás solo si te sientas a charlar contigo mismo en un sillón.

Y si crees que tú eres el problema, no olvides que también eres la solución.

No olvides que tú eres.

Barro en mis venas

Nunca suelo entenderme, ni en decisiones o elecciones ni en pensamientos o sentimientos. Si busco una explicación solo digo: «Me salió del alma», porque solo de ahí sale la verdad.

No me verás justificarme ante nada o nadie ni dar detalles de lo que siente mi interior, ya que saldrá la rebeldía por cada poro de mi piel al exterior.

Porque si te contara te verías enfangado entre el barro de mis venas; si te explicara caerías en el mismo pozo profundo en el que caigo yo, pero no sabrías salir. Y yo vi el sol.

Si perdiera el tiempo en explicarte el porqué de mis acontecimientos o la razón de mi certera forma de ser, entrarías en un huracán de fuego que, por miedo, no serías capaz de apagar. Sin embargo, yo tengo agua para inundar a todo aquel que quiera preguntar.

No dejes que te etiqueten, no permitas que te juzguen, no des explicaciones, ya que jamás existirá un ser, divino o terrenal, que pueda condenarte por tener un alma tan especial.

Pensamientos

Sentada en un banco una mañana de domingo, no me hace falta el libro que llevo en la mano. Empiezo a ver cómo la vida se sienta conmigo.

¿Dónde irá toda esa gente? ¿Serán como yo? Van y vienen, sonríen, despiertan de su letargo y empieza su vagar por esas calles donde las hojas van con prisa, se arremolinan y el otoño se acerca, no avisa.

La melancolía saluda, llegan historias jamás vividas y las vividas no aparecen como son; recuerdos que, más que gratos, son un cúmulo de sentimientos extraños. Pero son míos. Si algo tengo más que mi nostalgia y mi alma, que me lo quiten. Solo necesito donde el sentimiento habite.

Ya huele a viento, a anocheceres tempranos, a rayos de sol tardíos. Si al fin llueve, me sentaré a mirar por la ventana cómo crecen los pensamientos plantados en mi jardín, preguntándome si esta nostalgia mía me llevará a algún lugar en el que tanto tú como yo ya hemos estado: un futuro esperanzador que ya no carga con el pasado, un bosque repleto, más de que flores, de ilusiones. Ilusiones tan grandes como nuestras ganas de serlo, porque si algo tengo claro es que somos la generación de los sueños, esa que vive constantemente en pie de guerra por conseguir lo que nos dijeron que no podíamos o debíamos.

Nos podrán quitar los medios, pero jamás el sentimiento de que, al fin, lo lograremos.

La belleza de las peonías

Dicen que la belleza depende de los ojos del que mira. Yo más bien creo que es de la energía que transpiras. Tan subjetiva, tan diáfana y poco duradera que darle más importancia de la que tiene puede llevar a marchitar el jardín de peonías más bonito de la Tierra.

Hubo una vez que lo busqué todo fuera de mí; en mis pétalos, nunca en mis raíces; en mi exterior, jamás dentro. Dentro, solo belleza muerta.

Hubo una vez, y miles de ellas, que fui débil sintiéndome extraordinariamente fuerte, que encontré la belleza en mis huesos. Cada mañana más bella, cada mañana más muerta. Y morí.

Pero hubo una vez que, tras tantos años de naturaleza muerta, resucitaron las flores.

Así que riégalas. Riégalas con llanto, con emociones, con vivencias y experiencias, limpiando todo aquello que crees que te hace menos perfecto. Y no olvides que la belleza está en el alma, no en el cuerpo que habitas.

¿Quién no ha soplado un diente de león?

Miramos el cielo y nos conmovemos. ¿Cómo podría alcanzar tanta libertad?

Estoy cansada de estar anclada entre las mismas piedras, de sentirme atrapada en una vida y unos sueños que, más que míos, intuyo que son de algún creador que solo tenía ganas de reírse a mi costa.

Miro a mi alrededor y solo veo gente pidiendo a algo superior, rezando por encontrar respuestas, calmando frustraciones con vaivenes poco duraderos. Qué tristeza ser yo una más como todos ellos.

Acaba el día y estoy tan cansada de mí misma, de estos huesos, de este huracán de sentimientos contradictorios. Llega la noche y no sé si enterrarme bajo las sábanas o salir desnuda al balcón y flagelarme mirando la noche estrellada. Acabo tan cansada que lo último que deseo es que alguien me diga: «Descansa».

Que me soplen cual diente de león de flores secas. Que alguien me pida, como pedí alguna vez mi mayor deseo. Solo eso.

Cerezos en flor

Si miramos atrás, ¿qué vemos? Unos dirán que risas de infancia, romances apasionados; otros, penurias y hasta hambrunas, calidez de hogar y otoños pisando charcos de felicidad o soledad nocturna hablando con la luna desde la habitación. Nostalgia. Ojos de nostalgia. Unos desean volver; otros deseamos no regresar.

Quizá llegue el día en que nos replanteemos lo pasajeros que son los años y minutos; sentimientos que duran una eternidad o sensaciones que duran dos meses vivas, cual cerezos en flor. Pero igual que las hojas caen y marchitan, renacen cada vez más bellas, cada vez más conscientes de lo irrisorio de este paseo.

Opciones. Se nos dan múltiples opciones posibles. Cuál coger depende de los susurros del alma, leves, inaudibles, no sonoros pero fuertes. Tanto que si prestas atención te resquebrajan toda razón. Escucha.

Y te pregunto yo: si algo tan efímero como un cerezo en flor puede renacer, ¿por qué tú no?

Olor a tierra mojada

Se escucha tormenta, vienen truenos. ¿Qué nos querrá decir? El cielo no guarda secretos.

Siento que puedo mimetizarme con cada gota que cae con delicadeza, con las flores que bailan al son de la lluvia, con los pájaros que aguardan en el alféizar de mi ventana, contándoles que hubo una vez que soñé con ser agua.

Qué extrañas pasiones, como el olor a libro viejo que me transporta a mil vidas pasadas, como el café que bebo esperando a quien amo en mi cama. El sonido de los truenos colándose por la ventana, la luz reflejada en los pinceles esperando a que haga magia.

Peculiaridades. Calcetines dispares, tazas de té a medias, cigarrillos consumidos por su propio peso, tardes de no hacer nada, noches de pensar en todo. Acuarela en mi ropa, tinta en mis nudillos. Sombreros colgados en la pared, fotos guardadas en el cajón. Pasiones que bloquean mis sentidos. Como andar descalza. Como soñar con hadas. Como el olor a tierra mojada que se cuela en mis pulmones y encandila mi alma.

Hay cosas tan pequeñas y grandiosas que nos hacen vibrar; cosas tan nuestras que hacen sentir que nos hicieron de forma única, entre unos y otros, nada similar.

Y comienza a llover.

«¿Seré raro?», nos preguntamos mientras aspiramos…

Rosas en febrero

Como un pájaro que vuela sobre grandes ciudades hechas de bosque y verdes nogales me sentí cuando me miró. Como una amapola entre un campo de girasoles me sentí cuando lo descubrí.

Qué belleza de sentimiento, qué terror mirar sus ojos y verme mirando al cielo, rezando por que su alma fuera como la esperaba. El cielo de París hecho huesos, sinfonías escritas sobre su piel, cuadros recreados con sus ideas, flores en sus manos, arte en su sonrisa, dolor en sus pupilas.

¿Qué era ese vibrar que recorría cada uno de mis siete chacras? ¿Qué eran esas ganas de comerme el mundo y luego sus ojos mermelada? ¿Cómo podía ver en sus palabras tanto amor atrapado en un sinfín de vidas no vividas? ¿Cómo podía amar en cuatro segundos su mirada infinita?

No me preguntes qué es el amor, ya que solo sé de su negro pelo enredado, de sus lágrimas sobre mis mejillas, de sus clavículas perfectas para apoyar mis ideas, de su rebeldía innata. De su vibración exacta. De su energía fluyendo con la mía en la misma habitación.

No lo sé con exactitud. Quizá fue su olor a rosas pintadas de azul.

No me preguntes, porque no sé nada.

Solo sé que febrero ya no es un mes. Febrero y el amor eres **tú**.

Como abejas a la miel

Soy consciente de que cuando queremos algo con muchas ansias la expectativa es tan grande que al rozarlo con los dedos ni se acerca a lo que pensábamos.

Y así vivimos, en un ir y venir de querer, no poder, desearlo, tener y dejar ir. Quizá por miedo a dejar de soñar, quizá por exceso de fe.

Lo que todo el mundo cree correcto para mí es una incomprensión. ¿Cómo puede ser que nos fascine tanto lo que la sociedad cree perfecto? Tanto que vayamos a ello como abejas a la miel. Frustración. Degenerando el alma en compasión.

Abre la puerta y vuela donde encuentres tu tribu y tu hogar, donde veas campos llenos de panales y en ninguno quieras aterrizar. Sal de la colmena y si alguien juzga, que sea tu interior mostrándote que has estado demasiado tiempo ahogándote en la miel de tu propia pena.

Flores de azahar

Cuando llega la noche marchito y renazco al mismo tiempo. Música, velas y luna, mi santa trinidad. Se mezclan los sentimientos como el humo que desprende mi boca en la oscuridad. Sombras en la pared, cada una de ellas con nombre propio. Todas ellas son yo.

Caballo que galopa entre flores nocturnas, enredándome en ellas sin saber cómo salir. Envuelta en sus pétalos y olores me llevan hasta nostalgias y futuros, presente y fin.

Las estrellas me cuentan que cada vez que cerramos los ojos y creemos dormir nos visitan todas nuestras posibles vidas; se quedan en forma de sueños, pero al despertar las dejamos ir. Recordarlas sería una buena forma de morir.

Desde pequeña recuerdo cada uno de mis sueños con pasmosa exactitud. Volar entre nubes, amores que marchaban, muertos con mensajes que descifrar, olas gigantes que producía el mar, paseos por inmensos jardines de flores sin pintar.

Y dirás que los sueños sueños son, simples jugadas del subconsciente que revelan pasiones y frustraciones ocultas, pero la próxima vez que despiertes háblame de la sensación de haber tocado la realidad envuelta en flores de azahar.

Los geranios de mi balcón

Creo que el olor de una madre es como una sombra que acompaña el resto de nuestra vida. Su voz, el despertar que confundirás con pájaros al amanecer. Sus manos, las que querrás que te sostengan cada día que tu alma respire.

Mezcla de sentimientos, nostalgia y gratitud uniéndose a infancia y preguntas sin responder.

Quizá por lealtad jamás hacemos lo contrario de lo que suelen decir, la tuya o la mía. Quizá por ser siempre suyos no nos dejamos crecer.

Vidas que no son dos, sino una; miedos y decisiones que, más que tuyas, son suyas; amor tan eterno que no es amor, es infinitud; espejo en el que te miras y, por parecido, no sabes si eres ella o tú.

Y llegará el momento en el que ya no haya más que preguntar, no necesitaré saber más. Meteré mis recuerdos y hasta reproches en un jarrón y solo recordaré, con impoluto amor, lo bonita que estaba cuando se sentaba al lado de los geranios de mi balcón.

Granos de cacao

Las personas tenemos dos caras, quizá no opuestas; pero sí una propia, que otorga el alma, y otra que creamos para que duela algo menos.

Aparentamos.

«De tanto creerte una mentira se convierte en realidad». Y así pasamos por la vida, sin saber quiénes somos y sin intención de averiguar. Cuántas almas escondidas desde que no salíamos a jugar, cuántos sueños enterrados por miedo a que alguien nos pudiera juzgar.

Y nos convertimos en un espejo roto de nosotros mismos, un espejo en el que a veces ni nos podemos mirar por engaño, porque los gritos del alma son más fuertes que cualquier trozo de cristal.

Párate a mirar.

Recuerdo que un día me senté, miré y pregunté. Lloré. Esos ojos llenos de vaho no eran míos. Solo dulzura embadurnada en chocolate blanco y mi alma amarga como granos de cacao.

Lluvia en el alma

Son épocas difíciles para los que preferimos guiarnos por el corazón a vivir en un mundo que no siente más allá de lo que ve o que ni quiere ver.

Son momentos complicados para los que abogamos por los sueños que cumplir y las ganas de vivir, para los que anteponemos las pasiones a los medios, para los que queremos el todo sin opción a conformarnos con menos, para los que preferimos mirar a los ojos que a unas pupilas virtuales.

Y es que vamos siempre tan deprisa, mirando al suelo, sin observar, viendo a la gente pasar sin pararnos a saludar, escondiéndonos de quienes realmente somos, publicando verdades que no son verdad. Preferimos no sentir; simplemente, seguir. Llenos de responsabilidades y sin horas suficientes en ese reloj que no dejamos de mirar, porque perderse en los segundos y minutos divagando sobre nuestra verdadera necesidad no es real.

Dejemos de capturar momentos «para siempre» y vivámoslos solo un instante. Fotografiemos con el alma, escuchemos cara a cara, sintamos esa tormenta que nos moja el cuerpo y el aura, porque solo si te permites mojarte brotarán pequeños tallos de grandeza incalculable.

No llenemos la vida de cosas superfluas, dejemos que sea la vida quien nos llene. Convirtamos estos momentos imposibles en posibles, seamos la humanidad de las ganas y los puedo, de los sueños y los retos, de la lluvia en el alma y los pies un poquito más lejos del suelo.

Semillas de creatividad

Que nadie piense que está libre del poder de creación. Que no se piense que solo lo inmaterial tiene el don de poder crear.

Por el hecho de ser y estar tenemos ese derecho, hasta obligación, de crear mundos extraordinarios y diáfanos, de sacar fuera lo que tan dentro llevamos, de materializar un pensamiento, de dar formato a la pasión.

Ideas.

Inspiración.

Inspiración que no es nuestra; igual que viene se va. Solo se quedará por cortos periodos de tiempo. En ti está abrazarla, explotarla, darle vida o, por el contrario, matarla.

Que nadie piense que existe una sola alma en este universo y en los paralelos sin el poder de la expresión, ya que al crearnos nos dejaron enterradas semillas de creatividad. Encontrarlas es un juego y hasta una misión.

Hay días en los que siento que se ha ido, que esa idea no era para mí, que le pertenecía a otra persona, que no era yo la elegida para la materialización. Ahí solo te quedan dos opciones, ir a por otra que a la vuelta de la esquina te esté esperando o intentarlo hasta la extenuación.

Sauce llorón

—Lloras mucho, lloras por todo. *Sé más fuerte.*

—¿Qué sabes tú de la fortaleza si no has visto mis flores marchitarse y renacer? ¿Qué puedes contarle a mi alma que no sepa si entre lunas o soles se ha de esconder? ¿Qué sabes tú del vuelo del pájaro que, bello, se posa en mi ventana, indicando que es el alma la que tiene plumas, no él? Si no has amado tanto hasta arder, hasta cenizas en un vaso ver. Que llorar es llover. Que hasta los sauces, con aparente pena, alargan sus ramas para crecer. Que nadie me hable de fortaleza. Que nadie se cuele en mis arterias llenas de pasión y belleza. ¿Qué sabes tú si llorar, para mí, en vez de ser un destrozo es un gozo?

—Te secarás.

—Jamás.

Como agua de mayo

Noches gloriosas de gemidos y caricias, mañanas sin desayuno. Amor que gritas por las paredes de la habitación esperando contestación. Llamada que no llega, brazos que no abrazan, ojos que no encuentras.

Volvió a pasar. Un trozo más de mí se queda con alguien. Un pedazo menos de lo que llamo «yo». ¿Cuántas más habré de soportar hasta que llegue quien se quede, hasta que remen por mi turbulento mar y deseen en el puerto anclar? ¿Cuántas más soportaré sin resquebrajarme la garganta y la piel?

Qué difícil entender que lo que en un momento fue ya no es, cómo nos aferramos a lo que creemos sentir como verdadero, sabiendo que en el fondo es mejor que de ese sueño despertemos.

Y espero como espero la noche, como espero al agua de mayo, sabiendo que mis flores se van a secar, ya que ni lágrimas hallo.

Y de fondo, palmeras

Olor a libertad, inmensidad vestida de azul.

Pienso que estoy llena de agua.

Entierro los pies en la arena e imagino que todo el océano entra en mí a través de ellos. Me sube por las piernas hasta el corazón, hasta que inunda lo más bello.

Ahí es cuando empieza la marea, olas gigantes que envuelven lo que late.

Después la calma por mi garganta.

Miro al cielo, belleza que eleva, ganas de ascender por las rocas y dejarse caer. Dentro, muy dentro. Las palmeras me miran y saludan con desdén.

Y el fondo del océano ya no tiene secretos, porque todo el que ha amado en él ha estado, todo el que ha sufrido lo ha visitado. Algas atrapando estrellas de mar como amor que, de tanto abrazar, consumes y al inhalar se va.

Mi piel, todo un horizonte que navegar, un cuerpo por el que nadar. He venido a ser ola a la vez que miro el mar.

Rosa negra

Amores imposibles, espirituales y hasta místicos.

Amores no reales que conviertes en el aire que respiras, porque exhalar muerte es más fácil que un día sin su boca al despertar.

Amores que te quitan todo el interior, menos la ropa.

Magia negra, rituales de noche, convertirse en bruja para tener un búho al que contar.

Y empiezas a pensar si hay historias únicas, tan auténticas que contarlas sería rajar el corazón de par en par.

Y son tuyas, muy tuyas, y el silencio bastará.

Amores cuya imposibilidad aceptas sin rechistar, porque más vale una rosa negra que ir coloreando otras que ni siquiera quieres regar.

Remolino de hojas

Cuando pienso en cómo funciona la mente, nunca veo neuronas conectadas entre sí ni complejos procesos químicos que hay que discernir. Solo cabe aquí el sentir.

El daño que nos puede hacer no es proporcional a nada terrenal. El sufrimiento que conlleva unir unos pensamientos con otros, sin sentido quizá, me parece una manera muy injusta de crearnos para vivir en esta realidad.

«Ese pensamiento no es real», te dices, pero duele igual que las olas al romper en el mar.

Historias creadas con todo lujo de detalles que solo existen ahí, sin razón; pensamientos que van y vienen como un remolino de hojas al llegar mi estación. Creerlas ciertas o no no es una elección. Mundos imaginarios donde tu vida es mejor, lugares que crees haber visitado sin salir de la habitación, noches llenas de manos imaginarias y que vistes de pasión.

Abres los ojos.
Soledad.
Todo estaba allí, cosas que jamás estarán.
Maldita cabeza, que más que un remolino es un huracán.

Plantación de café

Uno de los mejores sentimientos que alguien puede encontrar es sentirse como en casa, encontrar su tribu, rodearse de almas similares en bondad, distintas en caracteres, pero con el único propósito de dar felicidad.

Risas y carcajadas que brotan sobre tazas, plantaciones de café nos harían falta, llantos acompasados por pérdidas y fracasos que, más que de uno, son de varios.

La amistad es pasar las horas contando cuentos reales y, sobre todo, imaginarios. Miles de secretos enjaulados y experiencias contadas a trozos. Historias tan extrañas como la sensación de que, aunque las almas se separen, quedarán mil y una vidas para tachar en el calendario.

Personas que son necesidad, que no recuerdas en qué momento llegaron, pero se hicieron perpetuas como las charlas, como las lágrimas de risa, como los bailes, como los cumpleaños. Como el primer amor contado a dos, como la naturalidad de no darse un beso al despedirse. Porque eso, como sabes, es algo totalmente INNECESARIO.

Calabazas

Mi rostro es como el de cualquier otro. Miro en el espejo y no lo veo, miro en el cielo y ahí me estoy escondiendo.

Pelo demasiado largo para abrigar al que quiera descansar sus ideas en él, almohada color ceniza y trigo, ondeante como el mar enfurecido cuando nadie lo ve.

Ojos no grandes, verdes como el bosque al que voy cuando no quiero a otro lado ir, pero pupilas radiantes. Casa y hogar del que sepa mirar; pozo infinito en el que, con pestañear, si pides se te dará.

Labios pequeños que cuando se abren a la verdad nadie puede callar.

Como un campo de calabazas mi rostro al sol, manchas dispersas que si las unes verás que pecas no son, sino constelaciones que demuestran que mi ascendente es el planeta lunar; nieve sobre venas que por no congelar solo saben expresar.

Y por ello nadie, en un atisbo de romanticismo, se podrá parar a mis lunares contar.

Orquídeas negras

Muchas veces he tenido miedo de quien soy; muchas otras, de que me vieran como yo me veo; y otras tantas, de quien no me ve.

Vuelco mis ojos hacia adentro. A ratos veo belleza; a ratos, una imagen moribunda. Los inviernos por mis venas, los otoños en mis latidos, muñeca desnuda o mujer vestida. A ratos luz, a ratos penumbra, porque no somos uniformes de pies a cabeza. La dualidad es parte de nuestra naturaleza:

Quien se considera bueno lo es porque existe en él un hueco de maldad lleno.

Quien se considera creativo ha vislumbrado la falta de inspiración en sus dedos.

Quien se considera débil sabe que posee la fuerza de un trueno.

Quien no encuentra razones para amar sabe que los amores platónicos marcan los huesos.

Quien siente soledad en su interior tiene la cabeza llena de personas que gritan con eco.

Y los que nos consideramos oscuros a ratos vemos rayos de luz brotando de nuestro pecho.

Al igual que las orquídeas negras destellan color, no tengas miedo de ser quien eres, de tus negros carbonizados y verdes esperanza, de tus blancos y ocres, ya que en un atisbo de lucidez verás belleza en todos los colores.

Lavanda

Qué cansados nos sentimos a veces de no sabemos qué. Qué falta de aliento para afrontar algo a lo que no encontramos solución. He llegado a la conclusión de que cuando no hay explicación solo queda **meditar** en el interior.

Primero, un castillo amurallado con dragones sin princesas; después, una puerta. Luz.

Qué terror antes de entrar ahí, qué de obstáculos, qué de problemas sin resolver. Cuántos ladrillos cayendo encima, cuánto fuego en la boca de los monstruos que casi no podemos ver… Y no sabes qué hacer, te sientes acorralado. ¿Por qué me metí yo aquí?

Pero con la tranquilidad que otorga saber que puedes derribar esos castillos y matar aquellos dragones te levantas y te acercas a la puerta. Sin miedo.

Y entonces, un campo de lavandas. Lo hueles, no sabes dónde estás, pero lo conoces muy bien. Olor familiar, has estado allí varias veces, en aquellas de desesperación absoluta que no podías soportar. Respiras, solo respiras. Y comienzas a sentir, tampoco sabes qué.

Todo se vuelve paz. Algo que sabes que es superior te susurra cosas inaudibles y prestas atención. Todo se desvanece, eres más espíritu que materia, te diluyes en el éter, te vas sin condición y entiendes que tu misión ahora mismo y la del resto de tu vida se resumen en una simple oración.

Algunos lo llamarán «encuentro con Dios».
Yo lo llamo «respira, tranquilízate y presta atención».

Planta carnívora

Quería comerme el mundo. Todo lo que conllevaba. Quería comerme el cielo, la luna, el sistema solar, las flores, los bosques. Eso, por ende, incluía también su alma.

Quería llenarme de vida, de emoción, de lágrimas y pasión. Quería sentir dentro la furia del mar, el sigiloso vuelo de un ave rapaz, la amargura de un cactus marchito al que alguien olvidó regar.

Recorriendo mis venas la locura del amor, de la vida, del estar viva, del navegar y naufragar.

Cual planta carnívora, comerme toda luz que se pusiera delante de mí, saborear cada pupila que con ternura me mirara, besar cada aleteo de luciérnagas y mariposas posadas en mi jardín.

Fue tanto lo que comí, que me costó digerir.

Y en el bolsillo, laurel

Desde que me conozco veo mi mundo como un conjuro infinito que alguien pronunció en algún momento. Me gusta saberme bruja y hechicera, confío en mi intuición como en la única prueba irrefutable del habla del alma. No hablo de lo oscuro, sino de lo místico. Cuando el viento trae palabras, cuando la luna te cuenta lo que ya sabes, cuando llevas más amuletos que personas y en el bolsillo, laurel.

En alguna de mis vidas pasadas me concibo como aquella mujer sabia que ayudó, que curó, que sabía el idioma de las plantas, que leía mantras y de las energías negativas escapaba.

Queda mucho aún de ella. Aún puedo sentir el suspiro del silencio, las caricias de gente que ya no está, sueños que suelen ser realidad. Aún puedo sentir el frío cuando la luna me saluda al despertar y, más que frío, ese calor profundo de la hoguera en las miradas ajenas al pasar.

Flores secas

Vivo mi día a día cuestionándome la realidad que me rodea. Pocas veces suelo saber lo que es real y lo que no; si vivo en un sueño o, por el contrario, estos años que vienen son los únicos que me quedan por pasar.

Aceptamos lo que nos dicen como verdadero porque la inocencia se apiada de nosotros y no culpamos a nadie hasta que nuestros propios ojos así lo indican. «Si no lo veo, no lo creo», decimos.

Pero hay veces que, aunque lo tengamos enfrente, no lo queremos saber, y no hay mayor mentira que la que nos contamos a nosotros mismos y que no queremos ver.

Por miedo, por decepción, por no saber la reacción o por fracaso y frustración.

No vivamos rodeados de verdades ajenas, de aceptar aquello que nos dicen que así es o debe ser, de creer a ciegas como el que compra flores secas y las ve vivas, aceptando que así es. No permitamos más certezas que las del corazón, que las de las pupilas que miran, que las de los abrazos infinitos y las que tu alma te indica.

Espinas en la piel

No recuerdo un momento de mi vida pasada en el que el miedo no estuviera presente. Antes de lo maravilloso, el miedo más absoluto. Antes de la catástrofe…, el miedo imponente.

Mecanismo de defensa que, más que defender, te hace sumergir en la oscuridad más espeluznante. Miedo a nada, miedo a todo, miedo al miedo.

Paralizante. Me convierto en piedra de la que ni agua brota, clavo espinas en mi piel para sentir que respiro, para saber que vivo.

Mi corazón acelerado pidiendo una salvación, rezando para que venga y todo el miedo se diluya.

Lloro desesperadamente con intención de que todo se destruya. Y entonces todo se calma. El agua siempre es la solución. Ahora deja que fluya.

Y en la copa del árbol, nido de pájaros

«Hay quienes pierden la mente por completo
para ser alma: locos los llaman».

Identifican la locura con un estado mental, cuando yo no entiendo la vida sin esa necesidad: miles de pájaros danzando no por mi cráneo, sino por mi alma, permitiéndome ser con total claridad. Simplemente, ser.

Nidos en toda mi cabeza, con escaleras por el pelo para alimentarlos y darles de comer, con recuerdos convertidos en historias que nunca fueron, con personas que me amaron en otro universo paralelo, con facetas de mi vida que jamás existieron.

Soy bruja, soy artista, soy astronauta, soy la luna, soy la Tierra que me ancla a este mes de enero.

No encuentro otra forma de amarse que dejarse ir.

No encuentro mejor manera de conocerse que no hacerlo.

No encuentro razón de ser en mi vida sin el placer que le otorga a mi alma considerarse loca en una realidad en la que solo hay espacio para lo cuerdo.

Abrazar secuoyas

A veces miro a la nada y sonrío. No porque todo está bien, sino porque nada es. Y lo es todo.

La grandeza de alzar el cuello y ver el inmenso azul, tan perfecto e incondicional.

El abrazo de la brisa que recorre tu piel sin entender cuándo y por qué te sientes tan bien.

La esperanza que a ratos brota del corazón para indicarte que todo es como debe ser.

La majestuosidad de mis sueños plantados como secuoyas hace cientos de años y que nadie podrá derribar, tan anclados a mi alma como los juncos al río.

El brillo de unos ojos que miran la misma luna y el mismo universo que yo, que creo únicamente mío.

A eso llamo amor por estar vivo.

A veces miro al horizonte y me paralizo mientras mi alma me cuenta que nadie podrá cambiar mi mundo, que no es tuyo ni mío, pero que compartirlo contigo es como imaginar una realidad en la que toda la naturaleza brota de mis venas como ríos.

Polinización

Nos cuesta el cambio, nos cuesta la incertidumbre. El no saber cuál es nuestro sitio o, en cambio, saberlo perfectamente y sentir pavor al acercarnos a él nos convierte en troncos sobre el río que impiden que fluya ese caudal vivo.

No te quedes estático. No consientas que tu vida se paralice, no la pares. Ármate de valor, coge tus miedos y mátalos.

Un día cambié de familia.
Un día cambié de amigos.
Cambié de ciudad.
Cambié de casa y de hogar.
Cambié de amor y cambié mi interior.
Polinicé cada oportunidad que se me dio, no exenta de miedo, para florecer en otros bosques; me consideré valiente, aun sintiendo cada uno de mis miedos recorrer las venas, y convertí mi realidad en un universo plagado de estrellas.

No mueras en el mismo lugar, no mueras en la misma gente, no en los mismos sentimientos. No consideres tu casa una parcela de tierra teniendo como hogar la infinitud del universo. Si eres de los que piensan que solo hay una vida, descubre qué tiene para ti. Si eres de los que piensan que esta es solo una de las miles que están por venir, se te ha concedido para que crezcas, aprendas, avances y llenes tu espíritu de miles de vivencias.

Hypericum perforatum

Creí ver llover, pero solo eran mis ojos hablándome de lo que no pueden ver.

Soledad por doquier, ánimas que a mi alrededor sonríen con sorna al verme de pie. Me vuelvo a tumbar. «¿Será esto eso que llaman depresión?».

Sensación de caer desde un rascacielos sin cuerda ni colchón. A cada latido, más roto el corazón; a cada respiro, menos aliento; a cada sollozo, más leve mi respiración.

Me pregunto si existe ayuda o cura para un alma que no está enferma ni constipada, solo perdida en un amasijo de sentimientos que no quieren sentir, que lo único que quieren es vivir; un alma que solo sueña con la tranquilidad en la cabeza y el agua recorriendo las arterias, sol en el despertar y miles de gotas de lluvia en el paladar.

Qué complicado se vuelve todo cuando la única opción es no hacer nada, es dejarse ir hacia ningún lugar, es cerrar los ojos, tomar hipérico y esperar que al abrirlos veas una señal.

Y en un atisbo de fe la señal te golpea desde dentro. Son tambores de guerra anunciando tu resurrección, porque la muerte te quiere viva, porque tus ganas son mayores que tus temores, porque la noche aún no ha llegado para llevarte, porque sin tú creerlo tienes vivo el corazón.

Abetos nevados

Siento cómo el frío comienza a recorrer mi piel, que no mis venas. En mis venas siempre encontrarás el calor necesario para devastar colinas.

Llega esa sensación de hogar que nada tiene que ver con mi casa, esa sensación de calidez cuando comienza a cristalizarse el agua, pero jamás mis pupilas.

Campos congelados, chimeneas que me transportan a otra vida pasada, silencio entre mantas, abetos nevados.

El invierno es mi cuerpo, el frío en mis huesos, nariz helada que solo quiere respirar la vida que se marchita en las flores de mi ventana, que se congelan esperando que un rayo de luz las haga brotar con más fuerza, con más ansia.

Y es que entiendo que haya gente que ame el fuego del sol, pero la luna está más bonita cuando el frío la deja petrificada, cuando realmente da calor.

Naturaleza desfigurada

Creo que no hay mejor medicina para el alma que viajar. Da igual el lugar; el simple hecho de salir hace que cierre mil puertas, no solo las de mi hogar.

La ilusión de planificar o, por el contrario, simplemente mirar por la ventana y ver los árboles andar.

A 120 kilómetros por hora nada se parece a la realidad: pájaros que vuelan más lentos que yo, naturaleza desfigurada al pasar y luna que, mire donde mire, me acompaña a cualquier lugar.

Recuerdo que cada fin de año dejaba una maleta en la puerta como símbolo de todos los viajes que me quedaban por realizar. Era salir, escapar y, cuando ya estaba en el lugar, visitar mi alma para conocerla un poco más. Mirarlo todo como se ve por primera vez el mar, buscar plantas y olores que aspirar, hacer fotografías mentales para que, como una banda sonora, me hicieran siempre regresar.

Sola o acompañada, jamás sentí tanta libertad. Con más carga o menos, siempre ligera para volver a empezar.

Cestrum nocturnum

Vivimos pegados a las horas que marca el reloj, las que marcan el tiempo que nos queda de suerte. De ahí el temor a la muerte. Pero Cronos no rige nuestra existencia; hay otro tipo de tiempo, que en la Antigüedad llamaban tiempo kairótico, ese tiempo donde no hay tiempo, donde están los atisbos de felicidad, de inspiración, de reflexión. Se para el reloj.

Cada instante es único, no hay dos momentos iguales. Puedes leer el mismo libro cinco veces, que jamás tendrás la misma sensación; puedes ver el mismo cuadro cada día, que no será igual ante tus ojos; puedes enamorarte y desenamorarte las veces que quieras en tu vida, porque no habrá similitud entre una y otra pasión.

Y por ello nos queda esperanza, ya que no hay elección. Si hacemos las cosas bien o mal así debería ser. Tomemos conciencia, porque no tenemos más referentes que momentos similares, pero jamás iguales. Y moriremos sin experiencia.

Igual que la dama de noche solo tiene un momento para florecer, jamás florecerá igual dos veces en la misma o distintas noches, ni sus ramas escalarán igual tu ventana cual hiedra. Así que duerme tranquilo, porque no tropezarás dos veces con la misma piedra.

Fisiología de una flor

¿Cuánta gente puedes decir que te conoce de verdad, como realmente eres? Quizá los puedes contar con los dedos de una mano. Quizá solo suspires al plantearlo.

¿Quién conoce mis despertares y mis anocheceres?
¿Quién conoce de mis sueños y frustraciones?
¿Quién de mis ganas y pasiones?

Algunos dirán que soy simple como una planta: tallo, hojas y flor. Otros dirán que soy compleja cual grosella y hasta, posiblemente, venenosa. Suave como los pétalos de las gardenias, arisca como las espinas de una rosa.

Que no te importe si dicen que eres cuerpo, mente y corazón. Solo tú sabes los enredos de sentimientos, experiencias, lunares y lunas que tiene tu vida, días oscuros y días felices; y si alguien se considera merecedor de saber más, que se adentre en los más profundo de tus raíces.

Si quiere huir y no sabe cómo, ayúdalo a que busque otras flores; pero si, aun sabiendo salir, se queda a gusto en una de tus ramitas más frágiles, ayúdale a quedarse y a explicarle que, más que una flor, eres un inmenso bosque de especies que ni siquiera tú bien conoces.

Césped artificial

Lo que pasa en tu vida no importa realmente. ¡Relájate! Te voy a contar una historia. Un día en que todo iba como yo no esperaba ni quería vislumbré lo que a continuación te voy a decir. A mí me abrió los ojos y me dio seguridad; espero que a ti, al menos, te dé tranquilidad.

Pensé que toda mi vida no era más que una obra de teatro creada por el universo de mi pensamiento y, sobre todo, por mi alma. Somos sin más, millones de puntos de luz, seres brillantes a los que se nos da un cuerpo y una forma para que podamos actuar en este escenario terrenal.

Desde este plano, creando nuestra propia realidad, podemos cambiar el atrezo, moverlo aquí o allá, borrarlo y volverlo a crear. No te gustan tus amigos, cámbialos y acoge a otros; no te gusta tu trabajo, visualiza aquello que amas y hazlo a diario; no te gusta la ciudad, cambia el escenario y pon césped artificial.

Todo es como debe ser, tus ganas de reír y hasta tus ganas de morir. Míralo con ojos de espectador. Sonríe, ya que cada circunstancia te acerca a lo que realmente es para ti.

Así desapareció mi miedo, pensando que ahora solo debo estar escribiendo porque así lo ha proyectado algo superior y mi alma lo pide a gritos. No hay otra opción. Y si a ti te asusta la vida y la pena aflora, no estás solo. Todos somos parte de la misma obra de teatro en la que tú te encuentras ahora.

Amapolas

Cuántas veces me he abandonado, esperando que alguien me recogiera contra su pecho. ¡Qué mal camino y peor destino!

Cuido mi alma como si fuera el regalo más hermoso y costoso que alguien me ofreció. Cuido de su latir no por miedo a su desaparición, sino por sentir que es el único cometido en esta vida sin razón.

No permitas que nadie cuide de algo que no le compete: de tu cuerpo, tu mente, tu vida o tu alma, ya que ni tú mismo la entiendes. No dejes en manos de nadie su supervivencia, porque solo tú sabes las tinieblas y oscuridades que en ella se encuentran. Demasiado sufrimiento lleva, necesario para su renacimiento, como para dejarla en el abandono. Guerrera con armadura de pétalos de amapola, pesada como el plomo.

Es lo único realmente tuyo, ya que todo lo que se pueda perder no tiene importancia en esta realidad, pero sus latidos, su intuición, su amor, su alegría y tristeza, todo ello conforma el bosque tan hermoso que eres. Y si lo único verdadero que tienes no lo cuidas, dime cómo van a sobrevivir tus flores.

Mi pequeño bonsái

Llega el viernes tarde, por fin llueve, la naturaleza bebe.

Miro por la ventana y solo el sonido de las gotas sobre el suelo me hace recordar que somos grandeza en un cuerpo diminuto en comparación a ella.

Somos como pequeños bonsáis, equilibrio perfecto entre alma y naturaleza que hay que cuidar, pero sin perder de vista nuestra fortaleza. A veces olvido que lo tengo; otras me acuerdo de regarlo cuando, en días como hoy, llueve y lo saco al viento.

Cada hoja, un sentimiento; cada rama, un pensamiento. Las raíces bien ancladas anuncian que hay vida en lo más pequeño y en lo más inmenso.

Lo riego poco a sabiendas de que solo puede crecer sin mí; sin embargo, me trae el susurro de la realidad y, aunque seamos de alma eterna, no podemos olvidar que siempre viene bien ayuda propia y hasta ajena para crecer en amor y felicidad.

Corona de flores

Cuánto miedo nos puede dar el no saber qué habrá después, si habrá o no habrá; pero con la esperanza a cuestas pasamos por la vida intentando no pensar.

Los que se han ido se quedan y los que están parecen haberse ido. Cuestión de mirar no con los ojos, sino con el alma. Solo ella te dirá si te acompañan incondicionalmente como algún día lo hicieron o si, por el contrario, te quedas solo, recordando todo aquello que te dijeron.

Déjame decirte que las lágrimas dan vida a lo que no lo tiene, que el recuerdo mantiene presente, que los susurros de tu corazón son la conexión con lo que tus ojos no pueden ver y que si no pueden ver, probablemente es porque el miedo les impida creer.

Deja que tu alma te guíe y te dé las respuestas, si es que las quieres; pero mientras estés aquí vive como si fueras para siempre.

Árbol de la vida

Solemos perdernos en las cosas cotidianas. Nos ahogamos en pensamientos que hacen que no solo nos duela el interior, sino el cuerpo entero, somatizando al exterior, cansados de no sabemos qué. Suponemos que de ir y venir, de no *resetear*, de no quedarse y descansar, de preguntas sin contestar; pero tampoco nos detenemos a dilucidar, porque es más fácil seguir que parar.

Que no nos hablen de nada que no queremos escuchar, de ideas y sentimientos que no nos incumben por no ser de nuestra propiedad. Pero parémonos a pensar: la vida no es solo nuestro yo, sino todo lo demás. Son esas raíces que te anclan a lo que amas y lo que anhelas, son esas ramificaciones de personas a las que necesitas y ayudas, es esa tierra mojada que hueles y te llega al fondo del alma un día, son esos sentimientos que conforman, entre todos, el árbol de tu vida.

Naturaleza cósmica

«Y dentro de cada uno un boque cósmico, un universo lleno de emociones, sensaciones y experiencias, tantas como estrellas hay y que, si miras bien, te mostrarán el verdadero camino de vuelta a casa...».

Cosmos

Si hay un cosmos, universo, mundo o espacio exterior, entiende que hay uno propio dentro de ti que crece, se expande y hasta mengua; que con toda tu energía modificas, pero nunca destruyes, porque es lo que eres, es lo que sientes.

Cual oruga que entra en fase de crisálida para morir y volver a renacer, para modificar toda su materia y salir fuerte para ver quién es, renovada, bella y, sobre todo, con alas para ver el amanecer; así nos tenemos que comprender.

Saber de todas nuestras constelaciones, estrellas, planetas, galaxias y polvo estelar; saber de nuestro cosmos, envolvernos en él y esperar con esa gran fe volver a nacer. Más sabios, más conscientes, menos humanos y más etéreos, más limpios de creencias, dogmas y programaciones, más expansión y el doble de implosión. Más energía, más cielo, más fortaleza, más poder. Más pasión.

Solo quiero contarte mi verdad para que, con un poco de creatividad, la puedas imaginar. Verdad vestida de belleza, prosa convertida en poesía para que entiendas que todo lo que ves, por muy mal que esté, guarda una secuencia de hermosura y claridad y que siempre hay luz solar entre tanta oscuridad universal.

Universo en las pupilas

Si te digo que mires al cielo, ¿qué ves?

¿Estrellas?
¿Acaso energía?
¿Blanco sobre azul?
¿A Dios?
¿Negro iluminado?
¿Vida?
¿Quizá tu fe?

Soy de las personas que saben con total seguridad que los ojos son el espejo del alma. Y no solo eso: en ellos se puede ver toda la creación. Si te fijas bien en tus pupilas verás que, cual universo en explosión, son un puntito de antimateria dispuesto a crear lo que sale de tu corazón.

Te diré que veo lo mismo que tú, pero tienes que entender que solo con los ojos es difícil, casi imposible, ver.

Energías de emoción

Nos solemos comparar los unos con los otros. ¿En función de qué? Del físico, por lo general. Del trabajo o los estudios en segundo lugar. De la economía o la posición social, de las cualidades en una materia o la creatividad al pensar, de lo que se tiene y aquello de lo que se carece, de los amigos o del amor, de la alegría o la tristeza, de lo que creemos que somos y lo que en realidad somos. Nos comparamos creyéndonos más o menos. Simplemente, cuestión numérica.

Pero lo que realmente somos no entiende de números ni de mejor, ni de mediocre, ni de peor. Porque lo único que hay que tener en cuenta a la hora de diferenciar es lo auténtico de la emoción y no hay dos autenticidades iguales en comparación. Si todo está formado por pequeñas partículas de energía no habría que hacer ninguna distinción. Simplemente, guiarnos por lo que nos muestra cada vibración.

No te guíes por nada externo cuando de personas se trate. Hazlo solo por lo que ese foco de energía te indique y cuando ese torrente se muestre similar al tuyo quédate cerca, no compares, ya que cada uno es único en todo. Porque la intuición nunca falla, pero las partículas tampoco.

Expansión

Siento por segundos que todo cambia, que todo se transforma de un momento a otro. Por una palabra. Por un libro. Por un abrazo. Por una decepción. Por un amor. Por madurez. Por una imagen. Por un abrir y cerrar de ojos en el que el mundo se crea o se destruye. De algo insignificante brota una extraordinaria vida o, por el contrario, se muere todo lo que creíamos permanente.

Padres que tienes como referencia, creyéndolos superhéroes, y que un día ya no pueden volar. Amigos que haces de niño, cuando aún no tienes filtros ni etiquetas que poner, y que pasados los años quizás vuelvas a ver alguna vez. Amores que vinieron (¿para quedarse o para hacerte daño?) e igual que vienen se van. Igual que creías que no lo soportarías, renaces de las cenizas y el corazón vuelve a latir, dándole vida a lo que no la tenía.

Destino que crees incierto porque no encuentras tu camino ni tu misión en la vida, porque no encuentras tu elemento y te quedas con lo que mejor se te da o lo que te imponen. O, cuando no hay más opciones, con lo que haya para agarrar.

Días llenos de horas que pasan rápido, si amas lo que haces y con quién; o lento si no soportas que el día comience, como un martilleo en la misma sien.

Y así vas creciendo, intentando no parar esa dilatación de tu ser, a veces con atisbos de luz y otras sin saber salir de lo oscuro, con cambios constantes en tu presente y futuro. Pero todo ello conforma tu realidad, conforma lo que eres y serás, así que coge fuerza, sonríe y respira, porque la explosión no va a parar.

Equinoccios

Suelo relacionar las estaciones con los sentimientos.

Hay momentos en los que soy verano, abrumada por el calor de la vida, ansiosa como las gaviotas que sobre el mar saludan y salen a volar, seca como los vastos campos que por falta de sentimiento no puedo regar. Cual campo de girasoles mi piel por las manchas que el sol deja al asomar.

Primavera cuando al tomar decisiones me siento crecer y brotar, cuando al estar enamorada mi sangre se convierte en un ir y venir de partículas dispuestas a polinizar.

Otras veces soy invierno, cálida como la manta en la que me escondo para no pensar, ardiente como el café que, humeante, hace mi mente despejar; con emociones y sentimientos helados que por el paso del tiempo se quedaron incrustados; fría como aquella mirada al marchar. Casa de madera en la que junto a la chimenea te puedes cobijar.

Pero, sin lugar a dudas, el otoño recorre mis venas. La primera lluvia de septiembre indica que es momento de empezar a jugar. Brujas, conjuros, velas y olores a arce, hojas que van cayendo como gotas en mi interior, brisa nocturna que recuerda que tiempos mejores están por llegar. Marrones, amarillos, ocres y verdes se vuelven mis sentimientos, deseando que la primera tempestad de octubre se lleve consigo cualquier resquicio de primavera y hasta de verano.

Tu órbita

¿Cuántas veces hemos pensado que no somos nadie?

¿Cuántas veces hemos pensado que en ocasiones solo somos cuerpo, mente y corazón?

¿Cuántas veces hemos creído que nuestra existencia era el mero estar?

¿Cuántas veces nos hemos cuestionado si somos importantes o, mucho peor, sin cuestionar?

Déjame decirte que eres mucho más de lo que crees ser. Déjame decirte que eres un ser en expansión. Cada átomo de tu ser contiene tu vibración única y especial desde el momento de tu creación. Cada célula que forma tu cuerpo, energía tan condensada y densa que da lugar a la materialización. Todos tus pensamientos, todas tus emociones, cada una de tus creencias, vivencias e ilusiones, todo tu amor, deseos y elucubraciones, todo tú, poder inmenso a cuyo campo magnético atraerás lo que sea similar a ti, porque lo que repelas, tranquilo, que ni te tocará.

Sé consciente de tu poder, de tu fuerza y de tu magnetismo, de tus fortalezas y de tus grietas, ya que alrededor de ti pueden orbitar miles de planetas.

Venus

Belleza, furia, sabiduría, brujas escondidas, magia más blanca que negra, intuición que usamos como brújula maestra.

Qué difícil se hace en ocasiones todo por pocas diferencias y múltiples igualdades, por pensar que algo es más débil por miedo a su fuerza. ¿Cómo es posible que tanta sensibilidad conlleve a veces esas dosis de fragilidad? ¿Cómo es posible que las ganas de avanzar se frenen cuando solo llevamos como arma nuestra alma y espiritualidad?

Lobas que amamantan y protegen, que aman y ayudan al que no puede, raíces para que se sujeten, rosas y espinas que duermen. Mariposas de múltiples colores que sueñan con volar siempre que sus alas les permitan desplegar. Planta que puede ser hogar, estrella que brilla y deslumbra al mirar.

Siéntete afortunada por ser, siente el orgullo de a una gran tribu pertenecer, porque no estás sola aunque las demás no estemos donde estés. Llenas de pasión, de ganas, de infinitud de virtudes y gran corazón, de ansias por ver su mundo florecer, pero con limitaciones impuestas por venir de un arquetipo llamado mujer.

Telescopios

Crees observar y solo ves. Miras atentamente, pero cuestionas lo que tus ojos captan como dos telescopios que intentan descifrar lo que hay más allá, pero es difícil acertar. «¿Será esta mi realidad o solo es una ilusión?», pregunta tu alma a modo de cuestión.

Quizá no hemos reparado en que puede que lo que se muestra ante nosotros no sea lo que en realidad es. Quizá es solo una proyección de lo que nuestra mente nos hace ver. Si estamos alegres, alegría por doquier. Si estamos nostálgicos, hojas caen como si el otoño hiciéramos aparecer. Cuando el amor brota de dentro, la realidad se convierte en ese beso con quien; pero si sentimos sufrimiento, catástrofes y pesadumbre nuestros ojos ven. Si solo tenemos miedo, inseguridad es lo único que vemos; pero si algún día nos levantamos valientes, el mundo nos comemos.

Quizá si solo por un segundo fuéramos conscientes de que lo que vemos es aquello que el alma puede llevar, nos centraríamos más en quitar carga y, como seres libres, ver libertad en cada pestañear.

Partículas de luz

A veces nada tiene sentido. Buscamos respuestas fuera cuando las preguntas no están hechas. Miramos la realidad con unos ojos cuyos filtros no nos permiten observar con claridad; a través de unas lentes llenas de emociones, acciones que creemos errores, experiencias y programaciones que nos impiden crear.

Buscamos dogmas, enseñanzas, gente que creemos que sabe más, palabras que llenan vacíos, porque necesitamos más verdad y seguridad y no entendemos que las respuestas están en esas partículas de luz que vemos cuando nuestro interior paramos a mirar.

No permitas que nadie te adiestre o imponga solo por querer respuestas rápidas, pero con poca verdad. No permitas que nadie te adoctrine, que nadie sea más sabio que tú cuando de tus necesidades se trata. Escúchate a ti mismo, busca las palabras en tu amor propio, ya que solo tú conoces lo profundo de tu alma, y escoge las respuestas que más feliz te hagan.

Satélites

Tengo la certeza de que todo lo que vivimos no es en balde y probablemente ni teníamos opción. Lo maravilloso y bueno es extraordinario, lo disfrutamos como si el tiempo fuera algo irrisorio; lo mediocre y desagradable permitimos que se esfume en un abrir y cerrar de ojos.

Pero a veces nos surgen dudas y preguntas, esas eternas preguntas a las cuales hallo respuesta siempre dentro de mí. Solo hay una para la que, por más que busque, no encuentro explicación: la del porqué del sufrimiento sin razón. Pero hasta esa, si aprendemos a preguntar con exactitud, puede tener explicación:

Si miro atrás y me envuelven los recuerdos, vivencias y lecciones, todo parece una nebulosa en el firmamento, caótica y oscura; pero quizá nos venga la luz como satélites que iluminan el cielo, dando algo de claridad a la situación.

Si recuerdo, pienso y siento el pasado como algo que me ha forjado, ahora lo puedo entender. Y es que sin nada de eso, sin esos llantos, esas pérdidas, decepciones y desilusiones, no sería quien soy. Sin todo aquello que duele y por lo cual resurgí no sabría ser yo.

Así que no desesperes; algún día veremos la vida de tal forma que te aseguro que sabremos que así debió ser, que no podíamos detenerlo. Porque de no ser así yo no estaría escribiendo esto para ti y tú no estarías, espero, sonriendo al leerlo.

Como las estrellas

Que alce la voz la persona que no se sienta sola en este mundo. Que nos cuente qué se siente al estar rodeado de lo que crees amor y que en el fondo son millones de soledades unidas por la nostalgia, como el infinito número que en el universo hay de estrellas, pero a miles de años luz de distancia entre ellas.

Cuéntame cómo se siente tu alma al estar sentado en la hierba, mirar al cielo y sentir compañía, porque a veces ni la mía quiero y otras veces no necesito nada más.

Melancolía que se pasea por las calles en otoño y festeja en invierno. Sentimiento de pertenecer a algo inmenso pero no saber qué.

Buscamos algo que nos falta, algo que nos llene; nos aferramos a lo material o al amor (correspondido o no) que creemos merecer; pasamos los minutos y horas esperando que algo muy grande venga y nos salve, porque tenemos la fe y la certeza de que así va a ocurrir. Y así ocurrirá; si no, ¿para qué?

Arte universal

Gran lienzo azul, lila, rosa, amarillo, gris, violeta, negro… El cielo.

De niños algunos quisisteis ser astronautas para estar más cerca de las estrellas; yo, sin embargo, alejada de todo y metida en mi introspección, solo quería ser una de ellas. Un universo plagado de pequeñas luces que, cual campo de trigo, me marean al mirar. Todas juntas, todas separadas por una infinitud de vida.

Mercurio, la Tierra, Marte… Todos ellos formando un universo hecho arte, listo para coger un pincel y salpicar miles de colores en él.

Adentrarme en ese campo inmenso y flotar, perderme en cada estrella, visitarla y ponerle mi nombre. Todas son yo. Con una gran diferencia: cuando yo me apague pocos me verán, pero cuando una estrella se apaga sigue su luz para toda la eternidad.

Oxígeno

Mil veces pregunté si fui buena con la gente a sabiendas de la respuesta, pero no era suficiente. Carencia interior que te hace depender de la palabra ajena, esperando la eterna perfección, que jamás llega.

Cuántas veces amé sin amar y creí amar de forma incondicional… Por dar más del cien, me quedé a menos cero. Por miedo al rechazo y al abandono, tan presentes desde que me materialicé en esta alma y este cuerpo. Por temor a no ser digna, por no querer una ausencia más, cual niña de cuatro años agarrándose al cuello del que cree imprescindible para que no parta jamás, dejándolo sin oxígeno, abrazando con tal amor que tarde o temprano se acaba asfixiando.

Y las profecías se cumplen. Se acaban yendo. No por ti, sino por ese niño interior al que abandonaron o dejaron de lado alguna vez, impidiéndole así en confianza y amor crecer.

Agárralo de la mano, dile que ya no estará solo nunca más, que ya no tiene que asfixiar; que si se quieren ir, será en busca de la felicidad, no porque tú no seas digno del verbo amar. Abraza a ese niño, bésalo, descárgalo de la mochila de culpa, descárgate también tú, despídete y vuelve a confiar.

Nostalgia planetaria

Lo veo apoyado en la ventana, mirando al suelo, con el humo sobre su cabeza por ese cigarro que se consume más lentamente que él. No se hace ninguna pregunta y, sin embargo, solo quiere respuestas. Aquí no las encuentra.

En un trance entra y una lágrima cae. Piensa en sí mismo y en su amasijo de sentimientos descontrolados, que no sabe cómo llevar sobre su vida y sobre su espalda. Sobre su corazón.

«Llueve», piensa. Pero llueve dentro, devastando sin razón. Mira al cielo como si añorara la galaxia de la que proviene. Y entonces ocurre. Lo observo envuelto en luz, como si hubiera venido a ofrecerle la ayuda que esperaba o pedía. Me limito a mirar mi piel de gallina, su alma de león.

Mi pequeño hombre león interestelar, que aquí seguirá, en esa ventana que ahora es su casa, hasta que decida que es momento de sentarse y respirar.

Cuántas preguntas y cuántos sentimientos vienen una mañana de sábado sin saber cómo, dónde ni por qué, pero parece que al mirar arriba alguien de su mismo planeta le da la respuesta y sonríe.

Bienvenido de nuevo. Bienvenido a esta tierra y a este hogar que no te pertenecen, porque tus emociones no son de aquí ni lo serán, pero que habitas con toda tu nostalgia de no saber cuál es el siguiente paso a dar.

Y es que a veces es difícil llorar lo que un día no se lloró, es complicado pensar que no perteneces a este lugar porque tus emociones no tienen límites ni barreras que pasar y que un día despiertan y, por suerte, mientras llueve, yo las puedo mirar.

Relatividad general

Nunca me gustó que me dijeran lo que tengo que hacer, por rebeldía innata o por tener sentimientos que amo ver crecer. Matar lo que uno tiene dentro me resulta un genocidio digno de reconocer.

No hay forma exacta. No hay parámetros ni medidas exactas. No hay una manera determinada de sentir, amar, hacer o pensar, pero sí programada de ser.

Nos indican qué hacer y cómo desde que comenzamos nuestra andanza en este lugar.

Nos programan para ser y decir, hablar o pensar.

Nos imponen en ocasiones en qué creer sin opción a buscar nada más.

Nos obligan a elegir entre una sola opción y un solo lugar.

A veces hasta nos indican a quién amar.

No hay ninguna regla exacta que nos domine sin que nosotros tengamos la opción de creerla o no, de elegirla o dejarla ir.

No nos pueden imponer ser de una manera distinta a la que nuestra alma y nuestro instinto nos indican en este recorrido; no por ser hombre o mujer nos deben indicar qué hacer y aún menos cómo debemos sentir, pensar o a quién, cuántos y cómo amar. Porque somos únicos como seres de luz, porque solo nuestro corazón e intuición nos pueden guiar, porque lo que dice el alma es más fuerte que cualquier ley universal.

Así que cuando nos impongan algo discutámoslo un momento, ya que el mundo no es exactitud, es relatividad general.

La ciencia del pensamiento

No podemos recordar cuál fue el detonante de cada suceso de la vida, pero déjame decirte que fue un pensamiento, siempre un pensamiento. De niños vienen en forma de ilusiones, juegos y sueños, transparentes como la propia alma, sin ningún tipo de dualidad mala o buena, solo enfado o calma.

Pero hay un momento en que lo que nos sirve para razonar se convierte en el mayor artefacto para devastar, como meteoritos estrellándose en la Tierra que no sabes controlar. A cada pensamiento le sucede un sentimiento y ahí creamos la realidad.

Son sentimientos más reales que cualquier conexión neuronal; por ello, hemos de tener cuidado con qué pensamiento dejamos penetrar. Escogemos estar tristes si pensamos en. Escogemos estar felices si pensamos en ese encuentro con. Decidimos sentir ira si esas palabras ajenas se cuelan en el corazón. Decidimos destruir nuestra felicidad si, en vez de pensar en el mayor de nuestros logros, escogemos pensar en el mayor de nuestros fracasos.

Creemos que son incontrolables, como un tsunami que arrasa nuestro interior; pero haz un esfuerzo e intenta ver con claridad, porque no eres ese pensamiento, no eres esas palabras, no eres ese recuerdo, no eres ese fracaso. Eres la belleza y bondad que tu alma te grita desde dentro y que tu cabeza no te permite observar.

Respira, enfócate en tu corazón, en tu luz, y deja que todas tus acciones estén cargadas de amor, porque no eres otra cosa que lo que te permitas sentir y pensar.

Otra tierra

Como venida de un lugar en el que solo existen libros, historias y emociones envueltas en poesía parezco ser.

«Estás siempre en las nubes», suelen decir con desdén. No les respondo, sonrío, porque a veces mi alma ven. Que las nubes no son mi hogar, pero sí el suspiro en el que algún día dejé ir lo que no quería más. Que la luna es el lugar perfecto para descansar.

Como si de repente de otra época escapara y en esta apareciera, con lo puesto y mis miedos a medias. Vidas pasadas o simultáneas, pasado o futuro que conforman mi presente, este al que, aun sin encontrar mi lugar, me intento adaptar.

Alma de otros mundos y otras tierras. Pensamientos que indican que soy más de lo que el espejo refleja cuando me paro a mirar. Conexiones con otros lugares, seres y sonidos. Canciones que me hacen aparecer y desaparecer, pero siempre con mi alma como estrella polar.

No importa lo que digan o piensen. Solo fíjate en lo que tu subconsciente te dice que eres.

Salto cuántico

¿Quién no ha deseado cruzar el espejo como Alicia una vez lo hizo?

Dejar todo esto atrás y, en un atisbo de fuerza y voluntad, saltar sin pensar dónde vas, dejando tus miedos atrás, sin maleta ni nada que cargar, solo tus ganas de cambiar.

Cruzar a algún lugar donde nada es como creías que es, donde piensas que solo habrá felicidad, risas y árboles que escalar. Un lugar donde no llevas a cuestas nada que pesa, donde eres solo tú, sabiendo el riesgo que ello puede conllevar.

Imagina que ese sitio existiera. Imagina que en un abrir y cerrar de ojos pudieras allí estar, simplemente cerrando los párpados y dejando un suspiro escapar. Imagina que eso que buscas no está detrás de ningún espejo ni es otra realidad. Imagina que solo con cerrar los ojos y respirar puedes encontrar todo ese amor en algún lugar que ahora mismo te da miedo explorar, pero en el que, créeme, te encontrarás con la mejor versión de ti que puedas dar.

Tiempo

Cae la tarde. El día va finalizando y hoy sigue el sol. Mi corazón se estremece pensando en la rapidez con la que todo ocurre sin darme tiempo a ver bien. Quisiera poder pararlo, recrearme bien en cada una de las emociones que mi alma me deja a diario para avanzar.

La esperanza del nuevo día cuando mis ojos aún están en la oscuridad.

El olor del café que me siento a tomar, que me lleva a la realidad; pero no de golpe, sino que cuesta arrancar, porque los sueños suelen ser mejores que lo que la ventana te deja observar.

Cada palabra que escribo, cargada de sentimientos como estrellas fugaces que estallan contra un papel.

Ese periodo de tiempo en el que él mismo decide parar para que pueda saborear mejor el día que está sucediendo y que no tiene intención de parar.

Esa risa con alguien que me quiere de verdad.

Ese momento de sofá en el que planteas que la tarde va a empezar y, con ella, la nostalgia de saber que no va a parar hasta que llegue la oscuridad.

Cuántos momentos quisiéramos detener, cuántas palabras quisiéramos volver a oír y cuántos amaneceres de un sábado por la mañana quisiéramos retener. Cuántos momentos quisiéramos repetir, esos que recordamos perfectos y que lo fueron por el simple hecho de que tuvieron un principio y un final, por el hecho de que fue un momento fugaz, un momento que nunca volverá.

Cráter lunar

Suelo pensar que las emociones no se encuentran en ningún lugar concreto de nuestro cuerpo. Ni en el corazón que bombea; ni en el estómago, con sus mil mariposas; ni en el cerebro, con sus múltiples conexiones.

Quizá están en todas partes y en ninguna. Quizá nos envuelven como una fina capa de luz que no suele ser vista por la gente dormida, pero que si brilla lo suficiente alumbrará miles de kilómetros a quien la perciba. Una estela que nos rodea, formada por un compendio de libros de las más bellas historias y poemas, que cuentan en silencio lo que hemos pasado, sufrido y amado, lo que llevamos dentro y fuera, lo que nuestra alma grita y anhela. Como un caracol con su casa a cuestas, así vamos con ellas.

Y me pregunto: ¿cuánto tiempo dedicamos a limpiar nuestra casa, nuestra habitación, nuestra cocina o nuestra sala de estar? El justo, diremos, según el tiempo, las ganas y la necesidad.

Y ahora piensa: ¿cuánto tiempo dedicamos a limpiar nuestro cuerpo, nuestra mente y nuestra alma, todo nuestro ser? No el justo. Nunca lo suficiente, porque ahí es donde realmente tenemos que pararnos a sacar y tirar, a limpiar cual cráter lunar que lleno de polvo está porque nadie a visitarlo va.

Truenos

Odio esperar.

Años para dejar de ser cría y ser mujer. Más años para tener experiencia. Más años para tener madurez. Y más para saber qué.

Esperar respuestas sin haber encontrado las preguntas exactas con anterioridad, mirarme al espejo y saber quién soy en realidad, dentro empezar a buscar esperando obtener claridad.

Lunes deseosos de ser sábados, septiembres deseosos de ser diciembres y eneros deseosos de ser agostos.

Odio esperar ansiosa los días libres y las vacaciones, algo que me dé tiempo, un susurro, un respiro, como una hoja de menta que da sabor a un té.

Así vivimos, esperando a que suene el trueno después de escuchar el relámpago a lo lejos. Olvidando el presente para esperar el futuro que, intuimos, será mucho mejor.

Pero nadie nos va a esperar, la Tierra no se va a parar para esperar. Va a seguir girando sin detenerse hasta que nosotros, en un atisbo de lucidez, queramos despertar.

Conexión

Mi filosofía se basa en que vibraciones vibran juntas, pero también en que es complicado encontrar dicha energía que fluya con la tuya sin ninguna dificultad, que con total sinceridad mires a los ojos y sientas que son parte de tu hogar.

A veces coloreamos la realidad pensando que, aunque sea momentáneo, merece la pena conectar con alguien que no sabemos si se quedará, ni siquiera quién es en realidad; y la conexión con los demás y contigo mismo se va desgastando en un intento de encontrar a esa persona que te haga vibrar.

Hay mil maneras de intentar que fluya con naturalidad: inventando palabras, creyéndolas verdad, imaginando nuevos futuros que sabes que no vendrán, soñando con la posibilidad de que por fin en esa cama te han enseñado a amar, viendo las chispas que saltan al besar, sintiendo que la mejor manera de expresar el amor es el piel con piel, pero que a la hora de dormir prefieres acurrucarte y en soledad la puerta cerrar.

Encontrar la conexión es difícil; de hecho, creo que sentirse completo es la mayor necesidad. Pero primero conecta contigo mismo, ámate de todas las formas posibles en que se puede a una persona amar y después no salgas a buscar, porque cuando estés listo te prometo que tu vibración lo atraerá.

Realidades paralelas

Desde el comienzo he escuchado que mi nombre es perfecto para mí, que no podía ser otro para alguien que en un país de las maravillas está, y me hace pensar qué pasaría si en otras múltiples realidades por otro nombre me hacen llamar.

Sería quizá alguien que en una casa con grandes ventanales azules mira su vida pasar. Quizá alguien que sana con sus propias manos a quien se quiere curar. O una especie de mujer feliz que con confianza anda por la calle, sin pensar en qué dirán los demás.

Quizá hay múltiples yo: la enamorada, la madre, la hija, la amiga, la escritora, la académica, la hechicera, la real, la ficticia, la que por mil nombres se hace llamar, todas ellas confluyendo en miles de vidas simultáneas en el mismo planeta estelar.

Pero en esta realidad soy yo, la que por su nombre hacen llamar, la que desea saber quién es, la que lucha por no dejarse caer, la que se levanta con belleza para cada una de sus heridas lamer, la que vela por sus sueños e intenta sus sentimientos en el alma tejer. La que de noche habla con todas ellas para mejor entender este desglose de múltiples realidades que decidí ser.

Dogmas universales

Desde que venimos a este mundo no conocemos otra cosa que las imposiciones. Matan nuestra verdadera forma de existir, imponiendo las que se creen mejores condiciones.

Pero ¿y si lo mejor es lo que yo soy? Con mis virtudes y defectos de serie, con mis ganas de volar y soñar, con mi soledad a cuestas y mi lista de deseos intacta esperando poder actuar. Con mi ira y enfado, con mi calma y mi amor, todo ello conformando el yo.

No conocemos otra cosa que lo que nuestros padres dicen que es, que lo que la escuela y los amigos te dicen que debes hacer, que lo que la religión castiga y por lo que impone penitencia, que lo que una buena esposa o marido debe ser, que como hija debes respeto y, sin cuestión, hacer lo que diga tu mando superior.

Y llega un momento en el que te planteas todas esas creencias que no recuerdas cuándo vinieron, pero en tu subconsciente cayeron. Las recorres una a una, las desechas, no sin esfuerzo; porque es momento de saber quién eres, de crear tus propias reglas, tu propia escala de valores, pensando que a lo mejor aún puedes trepar por los árboles que de niño te prohibieron.

Llega el momento en el que te presentas a ti mismo, te das la mano, estás encantado de conocerte. Y es cuando empieza el verdadero juego, el que los demás tanto temieron.

El límîte del infinîto

Me encanta pensar que todo lo maravilloso y bello es para siempre, que no tiene final. Que todo lo que nos produce sentimiento de amor y gratitud jamás se podrá extinguir del corazón, que cada día seguirá estando, perdurando con la misma ilusión. Quisiera saber que así es de verdad, pero la realidad no es nada similar.

Empiezas a poner peros porque tu corazón así te lo indica. Que lo diga tu mente; sabemos que no tiene razón. Si esa chispa del que late te indica que a algo debes prestar atención, párate a escuchar.

Pasas los días queriendo no ver, queriendo no saber, queriendo no intuir que llega el final, pero la piel no miente y tampoco la eternidad.

Y lo que era perfecto ya no lo es, lo que era bello lleno de defectos lo ves, aquello que parecía infinito… tiene un final, cual libro que comienzas y sabes que, bueno o malo, el fin llegará.

Y solo te quedan dos opciones: aceptarlo y dejarlo ir o tapar cada uno de tus sentidos y seguir a ciegas, sabiendo que a ese salto de fe, tarde o temprano, tendrás que ceder.

Rayos

Creo que desahogarse es la manera que tiene el alma de sanarse.

Que si lloramos lo hacemos de verdad, porque los ojos no pueden mentir.

Que si escribimos las palabras llenas de sentimientos están, dando infinitas dosis de libertad.

Que si pintamos el corazón se plasma en el grafito y en la hoja cuadricular.

Que si oímos música, aquella que nos lleva a otro lugar, es donde en realidad queremos estar.

Si usas tus manos para crear, la piel no puede fallar.

Abraza, porque el cuerpo te lo pedirá.

Y encontramos un pequeño oasis en un desierto de desesperación, una esperanza de cura ante tanta emoción que no podemos guardar. Y al igual que va saliendo la oscuridad, recibes un rayo de luz llenando todos esos vacíos que acabas de dejar.

No temas, al final sanará. Solo tienes que dejarlo sacar.

Explosión

Pienso en el *big bang* y se me pasa por la cabeza esta teoría: algún día todos explosionaremos y veremos un millón de estrellas brillar alrededor, como un festival de luz y respuestas dando explicación. Explosionaremos y todo cobrará sentido.

Cuando encontremos a nuestro verdadero amor.
Cuando nos dediquemos en cuerpo y alma a lo que amamos.
Cuando descubramos qué es lo que anhelamos y por qué estamos aquí.
Cuando entendamos nuestra misión en la vida y no cesemos hasta hacerla nuestro día a día.

Algún día una explosión dentro de nuestra alma sucederá y entenderemos cualquier tipo de sufrimiento y pesar, cada una de nuestras experiencias y sensaciones, cada palabra y cada acción, cada beso y cada latido del corazón.

Todo se pondrá en su sitio; todo eso que ahora vemos descuadrado y como un caos sin fin tomará forma y entonces entenderemos que, cual puzle que solo toma sentido si haces todas sus piezas encajar, así es como se crea nuestra propia vida, juntando pieza a pieza todo aquello que hicimos, lloramos, perdimos y dijimos.

Cielo estrellado

Es sentimiento propio desde que nacemos esa carencia de libertad. Aun siendo libres, atrapados por no sabemos qué. Una sensación constante que no nos permite avanzar, como el que ve el agua a lo lejos, pero por una fuerza mayor que no le permite moverse se queda con sed.

Vemos los pájaros volando sin cesar, parándose solo en una ramita a descansar, y pensamos que así nos deberíamos sentir, sin límites ni obligaciones, sin cargas ni decepciones. Solo volar, solo ir, solo seguir.

¿En qué momento nos hicimos prisioneros de nosotros mismos?

Hay mañanas que nos levantamos creyendo firmemente que somos los dueños de nuestro destino; que podemos, si queremos, pasear por un cielo estrellado sin que nada ni nadie nos impida volar; que sabemos que la libertad está dentro, que es esa fuerza, ese impulso que nos hace todo cuestionar.

Sientes por momentos que puedes con cualquier vendaval, que tú eres el huracán, que te vas a despojar de aquello que te mantiene estático en el lugar: la obligación de ir a un trabajo que tu alma jamás te hubiera permitido aceptar, los dogmas de una familia que no casan con los tuyos ni en esta ni en otra realidad, el amor ficticio que crees que tienes con tu pareja por miedo a la soledad, esa ciudad en la que crees que debes estar, pero desearías coger una mochila e irte al monte a meditar.

Y si pasas ese horizonte, si pasas por esas estrellas una a una con toda tu valentía y amor, verás el cielo de tu alma brillar.

Destellos

Lee bien: nadie te puede quitar lo que te pertenece por derecho propio. Repítelo en tu mente, clávalo en tu alma. Nada puede hacer que duermas tus pasiones e ilusiones si quieres ser un mar enfurecido o agua en calma.

Si hay algo ajeno a ti, a tu esencia, que te indique lo contrario, da un portazo y abre la ventana de tus necesidades y deseos y apaga tu razón.

Nadie puede arrebatarte las ganas de vivir. Encuentra aquello que mantiene tu equilibrio entre mente, cuerpo y corazón. Nadie puede quitarte la pasión por cada rayo de sol, por cada noche estrellada, por ese café y esa risa; la pasión por los abrazos, la piel y las almas.

Que nadie te quite tus ansias de aprender, de conocer, de amar, de ver en tu iris el reflejo de múltiples colores destellar. Nada puede hacer que tu esencia, esa energía de buscador, de valentía, de fe, del tacto piel con piel, se congele, porque no se puede mezclar pasión con anestesia.

Eres único con todo aquello que te hace vibrar. No dejes que lo apaguen. Y si ya lo han hecho… abre la ventana, mira al cielo y piensa en todas las cosas que de alguna manera te erizan la piel y te sacan una sonrisa. Son esas pequeñas pasiones las que hacen que tus ganas y tu esperanza se cuelen en tu alma y guíen tu camino hacia lo que mereces por el mero hecho de existir: la más hermosa felicidad creada por y para ti.

A la velocidad de la luz

«¿Y cómo identifico el amor de verdad?», preguntas sin cesar.

No confundas cualquier cosa con amor.

No confundas belleza con amor, ya que el amor es bello, pero la belleza es pasajera.

No identifiques el amor con el deseo, ya que el deseo se apaga cual vela al soplar; pero el amor, si es puro, se mantendrá.

No mereces menos, da igual tu sexo o aspecto, dan igual tus virtudes y defectos. Mereces que te traten como el regalo que eres, mereces que te miren como quien mira una explosión de estrellas, mereces que al dormir haya personas que piensen en ti y que al despertar se sientan afortunadas por tenerte entre sus brazos.

Eres merecedor del amor que quieras recibir, de todos los besos que quieras pedir, de cada abrazo que tu piel reclame y de unos ojos que al verte se llenen de centellas de colores.

Mereces la pasión con la que se mira una estrella fugaz. No mereces menos, como ser único y especial, ser que brilla y ama de forma incondicional. No dejes que la mediocridad se apodere de tu inmensidad.

No confundas equilibrio con amor, no confundas conformidad con estabilidad, no confundas seguridad con vida, porque todo lo seguro en esta vida está muerto. Eres cambio, aventura, ganas, deseos. Y si encuentras alguien que no valora cada una de tus partículas viaja a la velocidad de la luz, cambia de personas y de realidad.

Personas que son galaxias

Qué afortunados nos sentimos por la gente que tenemos al lado o que mantenemos en la distancia sin más vínculo que algunas experiencias y algunas palabras. Cada uno con sus caracteres y su propio lenguaje, cada uno un libro del que quizá con leer solo el prólogo tienes suficiente; sin embargo, en otros tienes que llegar hasta el final, porque es imposible no empatizar. Cada uno con sus circunstancias y sus vidas, con sus idas y venidas, pero que cuando hacen falta no dudas en silbar, porque ahí están.

Aconsejan, escuchan, contigo lloran y ríen, oyen música o bailan. Sin necesidad de que estén al lado, puedes ir a su propia galaxia cuando haga falta, puedes viajar a sus planetas y sus estrellas, a sus cráteres y sus estelas, pues con los brazos abiertos te harán sentir como en tu propia tierra.

Esa gente que siempre está. Esa gente que quizá no conoces bien, pero sabes que su alma es especial.

Por esa gente, a la que siempre abrazaré y que jamás se marchará.

Valores universales

Difícil valorar lo que es frente a lo que no ha sido.

Solemos dar más importancia al debería que a lo hecho y es un gran error que se nos queda grabado como la tinta de una pluma ante un folio en blanco. Tinta con la que escribes tu vida y, en un atisbo de querer modificar, solo consigues una mancha dejar. Pero, aun con las manchas, valora lo escrito, lo sentido, lo vivido.

¿Cuántas veces hemos querido en piel ajena estar por comparación siempre de algo que crees mejor? Pero déjame decirte que otros tantos querrían la tuya habitar.

Enorgullécete de todo lo que has hecho; que el arrepentimiento de no hacerlo no consuma tu alma, ya que siempre se da otra oportunidad al que con amor y cariño lo desea de verdad.

Valora tus huesos, tu existencia, tu espíritu y tu realidad. Valora ese hogar, ya que en ningún otro podrás mejor estar; con todos los aciertos y errores que no lo son, con toda tu valentía y fuerza para despertar cuando solo pedías no volverte a levantar, con cada una de las acciones hechas con bondad, con los desastres que cual estrella fugaz se van.

Dale valor a la esperanza del cambio y del caminar, a tu nombre y existencia única en este lugar, ya que no hay mayor alegría que saberse vivo en una vida que siempre hay opción de cambiar.

Música celestial

Si miro atrás recuerdo con nostalgia las veces que necesité una palabra y no la pedí. Las veces que, sin pedirlas, las di sin mucho que decir. Las veces que dentro de mí las oí y, por no saber cómo hablar, solo las escribí.

Palabras, solo eso. Llenas de contenido aun sin pronunciar, silencios que hablan más que cualquier lenguaje corporal.

Por miedo o inseguridad, por no saber la contestación o respuesta que se nos dará, callamos emociones, ideas, sueños y pensamientos que seguro que tienen mucho que contar. Si no hablas, escríbelas. Saca todo lo que llevas dentro aunque sea por un instante a pasear.

Solo se trata de expresar. Porque habrá veces que solo escuchando esa música celestial haremos feliz a la persona que la necesite escuchar.

Planetas en soledad

Sentado en el sofá, móvil en mano, persona a tu lado que hace lo mismo sin reparar en tu atención.

Vivimos rodeados de gente que no sabemos quién es, porque es más fácil ocultarlo que expresar. Aquellos que se esconden detrás de una pantalla, que no te miran a los ojos y que si lo hacen no encuentras en ellos pasión por respirar.

Rodeados de un mundo que da más valor al tener que al ser, porque es mucho más sencillo pasar por aquí sin pararse a saber ni quiénes son ellos ni quién eres tú o quién es aquel.

Juntos, pero rodeados de órbitas de soledad donde no encuentras esa compañía que tu alma ansía, donde lo virtual o lo visual tienen más valor que lo que tienes enfrente y es real.

Palabras que no se dicen porque no hay necesidad, conexiones que se apagan porque no sacas tiempo para dar, miradas que no existen ya, pero en tu mente perdurarán.

Vivir de recuerdos falsos me parece una forma terrible de soportar la realidad. Y si contra eso, aunque lo intentes, no puedes luchar, quédate a tu lado, préstate atención. No te disperses como los demás, ya que la tuya es la única compañía que no te va a fallar. Jamás.

Justicia kármica

«Esto no es justo, no debería haber pasado», nos decimos más veces de las que podemos recordar.

Y es que la felicidad propia siempre deja damnificados. Lo que uno cree bueno el otro dirá que no lo es o que roza la mediocridad, que quien necesita lluvia le está tapando el sol al que lo ansía de verdad. Y no sabemos cómo actuar, si el bien universal jamás existirá, y quizá lo que crees injusto es justo para aquel que enfrente está.

Con todo esto, y aun no sabiendo cómo actuar, actúa. Es la única forma de sentirse vivo en este karma tan especial. Haz siempre lo que tu yo interior te diga, ya que todos buscamos la felicidad, nadie te la va a regalar; así que solo te queda levantarte y hacer aquello que anhelas sin pensar demasiado en los demás.

La nada

¿Cuántas veces nos hemos quedado mirando a la nada como si ahí estuviera todo?

Todo lo que buscamos.

Todas las respuestas que necesitamos.

Todos los besos y caricias que no nos han sido dados.

Todas las oportunidades que perdimos por el camino y, por ende, la gente que queríamos al lado.

Todos los perdones que no dimos y que no recibimos.

Todo el amor que quisimos dar y esperar, pero no vino.

Todas las opciones que cogeríamos en este mismo momento, dando un giro radical a nuestra vida y nuestro destino.

Y pensamos que somos partículas de nada flotando en el aire, esperando que la siguiente brisa nos lleve donde deseamos ir sin ni siquiera saber cuál es ese lugar.

Hasta que un día te das cuenta de que la nada es lo demás y que tú eres toda la realidad. Eres todas las respuestas, todos los besos y caricias que te quieras dar, todas las oportunidades que aún estás a tiempo de escoger. Eres el perdón a ti mismo y a los demás. Eres todo el amor que en tu cama o fuera de ella te quieras dar.

Porque somos todas esas opciones, un infinito de plenitud, y fuera solo está el vacío, esa nada a la que miras con añoranza hasta que entiendas que el todo lo tienes en el reflejo de esa ventana.

Espacio-tiempo

Como si una tribu primitiva tocara tambores e hiciera señales de humo, me llaman mis ganas de descubrir. Incesantes.

Esa necesidad de búsqueda es una constante, golpea fuerte dentro de mi pecho queriendo más. Más experiencias, más conocimiento, más espíritu, más sabiduría, más ayuda, más amar.

Suelen pensar que la gente así es inconformista y que nunca va a ser feliz, pero es la única forma que encuentro de vivir: la constante lucha por crecer y sentir, por buscar y encontrar, por experimentar y amar. Es poco el tiempo que tenemos, pero si lo usamos bien los momentos son eternos. En una pequeña fracción de tiempo puede ocurrir todo, en una milésima de segundo de ese espacio temporal puede crearse un universo.

No es inconformismo, es saber que mereces todo lo que deseas, cambiando cual veleta en dos minutos; pero es la mejor forma, al fin y al cabo, de encontrarte a ti mismo.

Cable energético

He conocido gente de todo tipo, la mayoría solo de pasada. Algunos me han hecho reír, bailar o llorar, pero todos tenían algo que aportar. Porque todo aquel que se interpone en tu camino, por un minuto o una vida, tiene algo que mostrarte. Nadie viene en balde.

Los que nos han dejado recuerdos bonitos y los que deseamos que no hubieran aparecido.

Los que nos hicieron amar y los que quisimos luego destrozar.

Los que se sentaron para un café y los que se quedaron a cenar.

Los que te acompañaron cuando necesitabas llorar y los que aparecían cuando tenías ganas de saltar.

Los que quisiste que se quedaran para toda la eternidad y los que agradeciste que no fueran parte de tu realidad.

Los que te entretuvieron y los que aburriste con tu hablar.

Los que te dieron los buenos días y los que desaparecieron en un pestañear.

Los que te enseñaron canciones preciosas y los que te enseñaron a callar.

Los que saludaste un día y los que despediste sin pensar.

Los que te contaron su historia, compartida con la tuya, y los que no conocerás jamás.

Los que te enseñaron a madurar y los que solo quisieron ver a tu niño interior jugar.

Todos debieron aparecer, y más. Todos te enseñaron una faceta de ti mismo, una virtud, un defecto, un nuevo mundo o un nuevo final, a resurgir del fango y a plantar. Todos con la misión de hacerte crecer, soñar o despertar. Porque aquel que llega a tu vida no lo hace por casualidad; hay una conexión más allá que quizá no puedas entender, y es que esa energía surgida momentáneamente entre dos es un cable que te ayuda a avanzar.

La nube de mi cuerpo

Hoy el sol se esconde, no quiere aparecer. Quizá está cansado o se durmió tarde y está soñando.

El día amanece gris, muy gris. Me despierta una sinfonía de golpecitos en la ventana que, cual radar, me indica que el día va a estar lleno de nostalgia.

Me recojo el pelo, preparo el café que, humeante, me habla de lo que desea mi alma y de que es momento de respirar y abrir la ventana.

Los días así siempre invitan al recogimiento y la reflexión. Nada especial; solo divagamos sobre lo que fue y será, soñamos despiertos y, con alguna canción que nos lleva a otro lugar, empezamos a sentir y a pensar.

Qué bonito y mágico me resulta recordar, como si mi cuerpo fuera una nube que divaga por el cielo de mis años, acordándose de lo que hubo y no volverá, de lo que podría haber sido y no será más.

Y empiezo a llover, gotas de alegría y esperanza que me hacen suspirar, y por fin puedo sentir en mi interior el olor a tierra mojada que me indica que donde hay agua hay una vida presente por rescatar.

Estrella polar

Paseamos mirando hacia abajo. Las calles se inundan de entes reflectados en pantallas azules, de ojos que miran más el reloj que el cielo, que corren más que andan, que piensan más que sienten. ¿Qué hay tan importante ahí abajo que no nos permite pararnos y alzar la vista?

Belleza es mirar las nubes, tumbarse en la hierba fresca y estirar las piernas vislumbrado estrellas, sentarse en un sofá con los ojos cerrados y escuchar esa melodía que eriza tu piel y ahoga los llantos.

Y es que, por difícil que parezca, hay que dejar todo lo que nos parece importante y mirar arriba. Dejarlo todo, posponerlo todo, salvo la vida, porque es la única que no va a esperar a que te decidas.

No postergues tu felicidad haciendo o pensando, sintiéndote obligado o atrapado, corriendo en vez de andando, reflexionando sobre tus actos o mirando el asfalto, oteando un futuro que no sabes si tienes ni si es el esperado. Mejor buscarlo en las constelaciones que forman diferentes figuras y pasar las horas averiguando qué nos cuentan, encontrando nuestra Osa Menor, ese centelleo polar que nos guíe cuando sintamos que no podemos más. Porque si hay algo con más contenido que las palabras son las estrellas en el manto estelar.

Déjalo todo por un instante, date un respiro y céntrate en lo único importante: tú y tus ganas de seguir vivo.

El cielo, el camino de vuelta a casa

Suelo cansarme de las cosas con facilidad. Hasta que no me tienen nada que aportar. Dicen que es un defecto, pero lo veo una necesidad.

Me canso de las ciudades y las calles, pero es que esas calles ya no son mis calles; esas aceras y bares, esos puentes y luces no son ya míos.

Me canso de la gente, de esa gente de la que no puedo aprender más; de la que, aunque lo pueda todo exprimir, no hay nada que sacar. De esa gente que descubro que no tiene pasión y solo cuenta sus canas (y eso, para mí, es malgastar la vida y las ganas). De esas personas que hoy amas y mañana no son nada.

Me canso de lo que llaman trabajos y yo «ocupaciones temporales que me permiten sobrevivir», pero es que mi corazón me grita tan fuerte que esa no es mi misión que tengo que buscar otra dedicación.

Me canso de ver las mismas películas y series, los mismos cuadros y de leer novelas eternas a la intemperie.

Me canso de cansarme de todo, pero he de entender que así es mi alma y que de lo que jamás me aburriré es de mirar el cielo, porque es el único camino que hay de vuelta a casa.

Satélite lunar

Voy al ritmo del ciclo lunar.

Menguante cuando me quedo inmersa dentro de mis pensamientos, haciéndome grande ante mí y pequeña ante la gente, recogiendo cada pedacito en silencio y soledad para que con algo de esfuerzo me pueda volver a formar.

Creciente cuando cojo todos mis sueños y metas y me lanzo hacia ellas armándome de valor y energía, segura y consciente de que con esta gran fe en el universo todo se me dará de regreso.

Llena, con todo mi potencial mirando afuera, toda mi carga a cuestas, dando luz y energía a quien la pida o a quien la quiera. Llena de pasiones, sueños y ganas de avanzar.

Nueva cuando después de esos grandes vendavales que revuelven la vida, quito todo lo que no merece ni aporta, quito toda carga innecesaria que me agota.

Y es que va siempre donde yo vaya. Aunque no la vea, su luz me llega, me despierta y me saca de esta trinchera que yo llamo cabeza. A veces solo me queda ella.

Cuando sientas que la noche pesa demasiado, que los espejos no reflejan lo que eres, que estás perdido en un mar de vaivenes, asómate al exterior, mira al cielo y no tengas dudas. Piensa que la luna está para alumbrar el camino cuando nos encontramos a oscuras.

Horizonte infinito

Qué lejos vemos a veces las cosas. Así el cielo como el fondo del mar. Así nuestro pasado, aun siendo ayer, como nuestro destino convertido en vejez.

Pero siempre quedará algo, la esperanza de que al mirar al horizonte nos encontraremos algún día con nosotros mismos, con todo lo que somos más allá de lo que nos dijeron.

Si enfocamos bien la vista, veremos una larga y extensa línea, que no sabemos de su principio ni de su fin, si colisiona con el universo o con lo más profundo de la tierra, pero que es nuestra propia vida por descubrir.

Si nos fijamos, veremos a todos aquellos que nos hicieron sentir menos válidos y a aquellos que nos hicieron sentir llenos de valor. A aquellos que prefirieron a otras personas y a aquellos que entre tantas personas nos eligieron a nosotros. A aquellos que se fueron, pudiendo quedarse, y a aquellos que se quedaron aun siendo un desafío.

Veremos todo nuestro sufrimiento en un abrir y cerrar de ojos y nos preguntaremos si todo aquello fue necesario, si algún día se borrará el sentimiento de daño y abandono, si quizá con un poco de fe la herida haya sanado y solo quede una cicatriz. Y cuando aparezca en otra forma, en otros cuerpos, en otras palabras pero con la misma esencia, la herida sangrará como si fuera ayer.

Veremos todas nuestras alegrías y logros, aquellos que nos hicieron sentir merecedores y dignos de toda grandeza, el llanto de alegría al ver unos ojos que creíste no volver a ver, el sentimiento de ser el creador de tu propia vida. Esa sensación de amor se presentará ante ti y borrará cualquier trazo anterior.

Porque la vida no es más que una larga línea imaginaria con intersecciones y desvíos, que hará que todo lo real se desmonte, que nos llevará al mismo lugar del que vinimos: al otro lado del horizonte.

Alma de flor de loto

Cuando lo descubrí parecía que había estado en letargo más de trescientos años.

Todo comenzó con la mayor de las oscuridades, vidas no fáciles, situaciones no deseables, amores hechos cenizas, noches cubiertas de un futuro de soledades. Sentimientos de despojo de todo lo amado, desnudez infinita ante un mundo que no es más que una obra de teatro, máscaras que sonríen con ojos de eterno llanto. Miedo recorriendo cada rincón. El miedo.

Y en lo más profundo del océano tú y yo. Sin salida. Solo queda una opción: dejarse ir y morir. Matando de propia mano ese yo y ese tú que no nos gustan ni a ti ni a mí.

Y así comienza el renacer, dejándolo todo ir, respirando y planteándote por qué, si solo vas a estar por un tiempo aquí, no haces lo que realmente te hace feliz. Intentando descubrir quién eres, sabiendo que la respuesta la tienes en lo que sientes con los amaneceres. Aceptando cada situación, cada sufrimiento, cada fortaleza. Aceptando que eres más que todo lo que creías ser.

Quiero hacerte entender que, igual que la flor de loto nace entre el fango y el lodo, entre las oscuridades más profundas, y aun de este modo llega un día en el que se abre paso en busca de la luz, tranquila pero no sin luchar, así renacerá tu alma, creando la flor más bella vista jamás en un lugar. Llena de magia, de vida. Sobre todo vida y serenidad.

Esto es un grito esperanzador, un canto a tu alma, a la mía, a tus sentimientos (sean cuales sean, perfectos como están) y a los míos. Esto es el principio de todo, esto es el despertar de un sueño profundo convertido en realidad, un atisbo hacia la ventana de la espiritualidad. Pero aquí no acaba nada; de hecho, acaba de empezar. No tengas miedo, no estarás solo jamás. Solo tienes que despertar, empezar a darle voz a tu alma y pararte a escuchar…

ÍNDICE

Sobre la autora

Amante de las emociones y de la sensibilidad, Alhicia S. recoge en esta primera obra su pasión por la poesía y por las letras. Muestra de ello es su participación en concursos y publicaciones de portales como Diversidad Literaria. Con este libro abre su mundo interior para que otros puedan hacerlo y que los lectores entiendan que solo con oír a nuestra alma, todos podemos cambiar de rumbo, dando un giro radical a nuestra vida y a nuestro destino.

www.ingramcontent.com/pod-product-compliance
Lightning Source LLC
LaVergne TN
LVHW051545170726
843492LV00006B/1945